本课题得到信达财产保险股份有限公司资助

中国 P2P 企业投资价值评价报告

中国互联网金融企业评价课题组　著

中国金融出版社

责任编辑：吕　楠
责任校对：孙　蕊
责任印制：陈晓川

图书在版编目（CIP）数据

中国 P2P 企业投资价值评价报告（Zhongguo P2P Qiye Touzi Jiazhi
Pingjia Baogao）/中国互联网金融企业评价课题组著 . —北京：中国金融
出版社，2016.12

ISBN 978 – 7 – 5049 – 8734 – 1

Ⅰ.①中…　Ⅱ.①中…　Ⅲ.①金融企业—投资评价—研究报告—中国
Ⅳ.①F832

中国版本图书馆 CIP 数据核字（2016）第 240916 号

出版
发行　**中国金融出版社**

社址　北京市丰台区益泽路 2 号
市场开发部　（010）63266347，63805472，63439533（传真）
网 上 书 店　http://www.chinafph.com
　　　　　　　（010）63286832，63365686（传真）
读者服务部　（010）66070833，62568380
邮编　100071
经销　新华书店
印刷　北京市松源印刷有限公司
装订　平阳装订厂
尺寸　169 毫米×239 毫米
印张　14.75
字数　195 千
版次　2016 年 12 月第 1 版
印次　2016 年 12 月第 1 次印刷
定价　48.00 元
ISBN 978 – 7 – 5049 – 8734 – 1/F. 8294
如出现印装错误本社负责调换　联系电话（010）63263947

中国互联网金融企业评价课题组

课题总协调人：

李春伟（中国企业评价协会秘书长、管理世界杂志社副社长）

课题组组长：

李兆熙（国务院发展研究中心研究员、中国企业评价协会专家委
　　　　员会主任）

课题组副组长：

孙宝文（中央财经大学、中国互联网经济研究院院长）

张钦辉（信达财产保险股份有限公司、博士）

课题组成员：

苏　　冶（中央财经大学教授、博士）

杨　　立（湖南星投信息服务有限公司、博士）

阳　　雪（湖南星投信息服务有限公司、博士）

孙志猛（中央财经大学副教授、博士）

何　　毅（中央财经大学助理研究员、博士）

赵宣凯（中央财经大学助理研究员、博士）

禢俊名（中国企业评价协会评比部副主任）

曲　　强（央视财经评论员、博士）

目　　录

图目录

表目录

项 目 背 景

1.1　P2P 网贷投资价值评价目的和意义

1.1.1　P2P 网贷行业背景

作为互联网金融领域重要的组成部分，P2P 网贷行业的发展一开始就是互联网与金融创新融合的产物。P2P 是 Peer to Peer 的缩写，即个人对个人。P2P 网贷模式的雏形来源于 2005 年 3 月理查德·杜瓦等 4 位年轻人共同创办的全球第一家 P2P 网贷平台 Zopa。随着 Zopa 的成功，P2P 网贷模式迅速扩展到了全球其他地区。以美国为例，目前占据美国 P2P 网络借贷市场份额前两位的平台 Prosper 和 Lending Club 分别于 2006 年和 2007 年上线，其中 Lending Club 于 2014 年 12 月成功在纽交所上市，市值高达 85 亿美元。

P2P 网贷模式快速的发展进度，主要是基于它相较于传统金融而言具有很多创新优势：方便灵活，覆盖范围广，打破了地域局限和人情网局限，普惠金融的代表等。因此可以看到，短时间内 P2P 网贷模式就在全球范围内得到复制，如德国的 Auxmoney，日本的 Aqush，韩国的 Popfunding，西班牙的 Comunitae，冰岛的 Uppspretta，巴西的 Fairplace。

具体到中国的网贷行业，其发展主要呈现在以下几个特征：

（1）行业呈现野蛮式的爆发性增长趋势

P2P 的典型模式是网络信贷公司提供平台，由借贷双方自由竞价，撮合成交。资金出借人获取利息收益，并承担风险；资金借款人到期偿还本金；网络信贷公司收取中介服务费。

2006 年 5 月中国类 P2P 公司宜信成立，2007 年 P2P 网贷平台开始被引入中国，第一家互联网贷款平台拍拍贷成立，其后几年行业发展较为缓慢。但 2011 年中国平安集团成立陆金所，为行业的发展树立了极强的信心，中国网贷行业开始步入迅速发展阶段。进入被称为中国互联网金融元年的 2013 年后，网贷行业呈现爆发性增长趋势。数据显示，2012 年中国网贷平台共 200 家，2013 年迅速提升到 523 家，网贷融资规模首次超过 1000 亿元，参与人数达到 20 万人次；2015 年网贷平台 2595 家，融资规模突破 9800 亿元，投资人数与借款人数分别达 586 万人和 116 万人，较 2014 年分别增加 205.6% 和 184%，行业人气急速蹿升；进入 2016 年，网贷行业发展更为迅猛，截至 2016 年 6 月底，网贷平台已达到 4127 家，上半年累计成交量达到 8422.85 亿元，贷款余额突破 6000 亿元大关。

值得一提的是，2015 年 11 月 18 日，央视 2016 年黄金资源广告招标大会在京举行，P2P 网贷平台翼龙贷砸下近 3.7 亿元拿下央视招标会的"标王"，P2P 网贷行业由此获得了空前的曝光度和关注度。可以预计，在未来的很长一段时间里，P2P 网贷行业仍将保持快速发展。

（2）与资本市场的关联愈加紧密

P2P 网贷行业在迅猛发展过程中，和资本市场的联系越来越紧密。这一方面体现在各路资本的青睐与涌入，另一方面体现在行业本身开始向资本市场主动靠近。对于第一个特点，主要的市场表现在于，出于对 P2P 网贷行业未来广阔的市场空间的看好，各路资本如风投、银行、国资、上市公司等不断涌入。据统计，目前在数千家 P2P 网贷平台中，国资背景的有 71 家，上市公司背景的有 44 家，风投背景的有 42 家，银行背景的有 8 家。对于第二个特点，以宜信公司旗下 P2P 网贷平台宜人贷业务于 2015 年 11 月 17 日在美国正式递交首次公开招股（IPO）文件为代表，如若成功，将开启中国 P2P 网贷行业发展的新篇章。

（3）行业问题层出不穷

P2P 网贷行业作为对中国金融体制的创新性改革，其发展规模在不断壮大，但这一过程中，各类问题也随之出现：准入门槛低，运营混乱，风控水平低等风险都逐渐暴露。

据统计，截至 2016 年 7 月底，P2P 网贷平台发展数量 4160 家，累计问题平台 1879 家，仅 2016 年 1～7 月就出现问题平台 606 个，涉及投资人数约 30 万人，涉及贷款余额约 185.6 亿元。且 2015 年 12 月的 e 租宝事件，更是把 P2P 网贷行业的风险推向了风口浪尖。

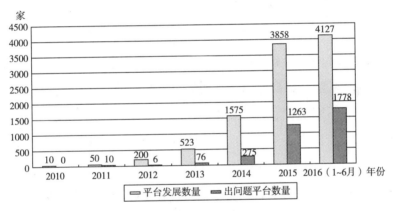

图 1-1 P2P 网贷平台发展数量与问题平台数量

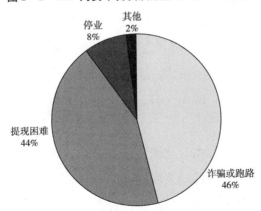

图 1-2 出现问题平台原因统计

3

1.1.2 建立 P2P 网贷行业动态监测系统的必要性

从前文可以看出，建立 P2P 网贷平台动态监测系统已到了刻不容缓的地步。只有这样，才能促进 P2P 网贷平台良性健康发展，使网贷行业成为互联网金融的重要支撑，同时使其真正服务于实体经济，并保护投资人利益，最终实现普惠金融。

（1）促进网贷行业良性发展，成为互联网金融主力军

目前，我国经济正面临下行压力，经济结构正处于调整阶段，在国家"互联网＋"战略指导下，各行各业迎来新气象，其中，互联网金融行业备受瞩目。作为主力军的 P2P 网贷行业，2007 年进入国内，此后的近三年里一直处于起步阶段，行业模式初步形成，市场处于萌芽阶段。2011 年至 2013 年末，P2P 网贷行业快速成长，平台爆发性增加，商业运营模式多元化发展，各种联盟、协会涌现，发展势头极为迅速。2013 年之后，随着国家监管力度的不断加大，市场渐趋理性，P2P 网贷行业开始了横向整合。2014 年，北京、深圳、上海、广州、天津、南京、贵阳、武汉八个城市纷纷出台互联网金融支持政策和指导意见，为行业的成熟发展奠定了坚实的政治基础。2015 年初国家成立了银监会普惠金融部，年末又出台了《中共中央关于制定国民经济和社会发展第十三个五年规划的建议》，互联网金融首次被纳入国家五年规划，这对 P2P 网贷行业的定性起到了关键作用。2016 年正式出台的《网络借贷信息中介机构业务活动管理暂行办法》中也正式给 P2P 网贷行业进行定位，对 P2P 网贷企业活动进行纲领性规范。经过近两年的不断完善，时至今日，可以说 P2P 网贷行业已进入一个相对稳定的发展时期。

对于未来的发展，移动互联网使信息产业升级，互联网金融也一定是移动互联网金融的天下，移动互联网金融融合社交化、传播化、个性化的特点，将会成为互联网金融的制高点。只有率先走上良性发展道路的企业才有机会成为新一波浪潮的弄潮儿，才能吃到"十三五"规划的互联网金

融"大蛋糕"。

（2）服务实体经济、促进居民消费

根据资料统计，截至 2015 年底，我国中小企业数量达 2000 万户，占国家工商行政管理总局公布的同期全国企业总数的 99%。此外，国家工商行政管理总局的数据显示，同期我国个体工商户超过 5400 万户。这些中小微企业数量庞大，创造了超过 80% 的城镇就业岗位、贡献了超过 60% 的 GDP。但是我国中小企业融资渠道有限，使其对银行贷款的依赖非常高，而中小企业自身资产数量和质量又相对有限使其融资环境较差，且银行贷款对不同贷款主体存在很明显的利率歧视，另外融资渠道也较为欠缺，私营企业、小微企业与个人贷款渠道极其欠缺，地下高利贷市场极其活跃。

基于此，解决了地域限制的、快速便捷的 P2P 网贷无疑能很好地覆盖极具活力的私营企业和小微企业。2015 年 11 月，《中共中央关于制定国民经济和社会发展第十三个五年规划的建议》明确提出了要提高金融服务实体经济效率，发展普惠金融，加强对中小微企业的金融服务。

（3）增加投资渠道、保护投资者利益

长期以来，我国银行实际上的负利率与一直以来欠缺的投资渠道导致居民存款无处可去，近 50 多万亿元的银行储蓄这一巨量存款存在的投资需求很难得到释放，这一点从余额宝一出现即吸引了大量的资金可以很明显地看出端倪，对比 P2P 网贷近几年综合 12% 的收益率，显然比相对于银行存款很有吸引力的货币基金更具有吸引力。

金融具有蔓延性，以资金、资本为链条影响到其他行业，甚至是全局宏观；金融业也具有脆弱性，一旦危机袭来，系统性风险爆发，即使百年老店也会顷刻崩塌，这对社会的影响是巨大的。对于互联网金融来说，其也应当被纳入到监测的范围。2015 年 11 月 13 日，国务院办公厅对外发布了《关于加强金融消费者权益保护工作的指导意见》，其中提出，要坚持市场化和法治化原则，坚持审慎监管与行为监管相结合，建立健全金融消费者权益保护监管机制和保障机制，规范金融机构行为，培育公平竞争和诚信的市场环境，切实保护金融消费者合法权益，防范和化解金融风险，促进金融业持续健康发展。2016 年颁布的《网络借贷信息中介机构业务活动管理暂行办法》中对出借人和借款人保护作出相关规定。

综上所述，建立 P2P 监测系统对促进行业良性发展、服务实体经济，以及保护投资者利益具有重大意义。

1.1.3 P2P 网贷行业监管监测的现状分析

随着行业的快速发展，P2P 网贷的监管监测也在不断动态提升与完善。目前，P2P 网贷行业监管体系主要分为投资人监测、第三方监测和政府监管政策，其中投资人监测存在一定积极作用，第三方专业监测机构出现了不同的运营模式，政府监管政策是整个行业规范发展的基础。

（1）投资人监测

在当前相关法律法规不健全的情况下，投资人对平台的监督十分有限，于是就成立了投监会，即"投资者监督委员会"的简称。投监会成员由投资人从自己的队伍中民主选出，可以代表投资人不定期到平台进行查标，为更多的投资人传递平台真实信息，避免产生误解。在投监会的运行中，平台的透明度稳步提升，同时对于标的真实性的不断核查，也消除了部分投资人的疑问，为网贷行业带来一定的积极意义，但是由于投监会成员的独立性不足、专业性不够、信息不对称且时间不充裕等问题，并不能对 P2P 网贷平台进行全方位的监测。

以 365 金融投监会为例，该投监会成立于 2014 年 11 月，在行业内尚属前列。投监会共有 5 名成员，一名会长，三名副会长，一名秘书长。要成为投监会的成员，必须满足包括但不限于是 365 金融的投资人、成员须在平台有 10 万元以上待收、具有独立客观撰写考察报告的能力等多个条件，并需要经过全体投资人的投票选举产生。投监会通过监督平台发标真实性、参与项目实地考察等形式，对平台进行监督，防范平台可能出现的风险。

尽管如此，365 金融在 2015 年 9 月还是出现了提现困难。而其他的如投资人自建交流群、维权群等也存在上述所说的专业度、时间充裕度等问题。也就是说，目前投资人监测对平台所起的规范作用仍然是有限的。

（2）第三方监测

随着行业的快速发展，在投资人自身难以满足监测的情况下，相对专业的第三方监测机构应运而生。一开始主要以网络社区的形式为载体，如网贷天眼、网贷之家、贷出去等，后来出现了惠誉、大公国际、棕榈树等专业化评级机构。

具体细分的话，从机构类型角度出发，可以将当前主流的第三方监测机构划分为以下四类：大公等专业评级机构；网贷之家等网贷垂直门户；新浪和讯等新闻门户；社科院等学术机构。此外，有一些小众的自媒体公众号也在涉及这块业务。

从结果上来看，这些机构出产的评级报告，一方面促进了行业的规范化，对行业发展方向起到了引导作用；另一方面也显现了当下行业还缺乏一个统一的评价标准，机构之间各自为政，所出报告多有矛盾之处，公信力不强，对行业和投资者的指导意义还有待商榷。若对第三方监测中存在的这些问题进行深究，不难发现，这种结果从客观上而言，是由监管环境和行业发展现状造成的；从主观上来说，是由盈利模式、评级立场和评价体系三大因素导致的。其中机构盈利模式直接作用于评级立场，评级立场又会影响到评价体系的基本构架及完善动力。

（3）政府监管政策

P2P 网贷行业快速发展的一个重要因素就是监管政策层面的宽容，政策对于新兴的互联网金融一直采取较为温和的态度。但随着行业规模的扩大，行业问题的突出，P2P 网贷政策出台速度不断加快。

总的来说，政府监管政策起始于 2006 年国务院对 P2P 网贷登记的规定，发展于银监会、央行对互联网金融运营红线与监管思路的提出，细化于个人征信业务、消费者权益保护等监管细则。

互联网金融作为一个新的业态，一个相对较有竞争力的业态，其发展速度和发展前景都较为乐观，这一方面离不开互联网金融内在的创新机制，另一方面也离不开政府监管政策层面的宽容与约束。

任何一个事物的发展都是在解决问题的过程中逐渐实现的，P2P 网贷行业也不例外。在 P2P 网贷行业发展的过程中，出现了很多问题，跑路、倒闭、自融、资金池等，从政府监管政策的出台轨迹也可以对这些问题的轮廓有个大致的了解。

如何既宽容地保留 P2P 网贷行业的创新因素，又严格地推进合规运营进程，成为政府监管层面的重大课题。

总体而言，政府监管政策当前面临这些难题：

一、被动式监管的尴尬。当前的政府监管政策大多是事后监管，也可被归类为问题式监管或被动式监管，是指根据一方当事人的请求，由司法机关或准司法机关介入个别事项，通过个案判决实现对行业违规行为以及市场的监管（在普通法体系中，国家有可能把司法机关对个案所作出的判决作为法律参考而适用于其他案例），是监管系统的重要组成部分，但相对于主动式监管（用现有法律条例主动地介入市场，主动地对行业进行监管）来说，被动式监管的成效较为有限，无法把问题扼杀在摇篮中。

二、新业态的挑战。互联网的开放性和虚拟性使各类金融机构提供的服务日渐趋同，业务综合化发展趋势不断加强，金融机构和非金融机构之间的界限趋于模糊，原来的分业监管模式面临越来越多的挑战。同时，互联网技术往往领先于监管，既有的法律法规中有些规定无法适用于互联网金融发展，从而导致对互联网金融新业态的规范不够健全。

三、执行的落地。目前的互联网金融监管政策在执行中也容易遇到诸多具体问题，虽然关于 P2P 网贷的管理暂行办法已经颁布，但是诸如银行存管、信息披露的详细细则还未出台，P2P 企业整改仍然面临着诸多不确定性，从而导致政策无法踏实落地。

综上所述，P2P 网贷行业的持续发展离不开政府的监管政策。但在基础规范政策的具体设计层面上，还需进一步细化、具体化某些监管因素，促使 P2P 网贷平台的监管细则落到实处。

1.1.4 投资价值评价意义

基于前文关于 P2P 网贷行业监管监测的现状分析，不难发现，无论是投资人、第三方机构，还是政府，其研究评价的对象都是 P2P 网贷平台。

从评价结果来说，各主体的评价方向差异较大，客观性有待提高。如安全保障体系完善的平台不一定符合监管的合规性；表面运营数据好的平台不一定合规、安全；风险收益合理的平台不一定运营数据好等。且从要素本质上来说，合规的平台，长期来看是符合投资人安全性需求的；对投资人而言风险高的平台，也是政府监管政策需要重点关注的方向。总而言之，各市场主体很难实现其预期目标。究其原因，既有主观的立场因素，又有客观的时代背景。

其中，投资人和第三方机构的主体立场较为鲜明，大多带有利益关系，导致了评价重点的差异，直接影响了评价结果的客观性：投资人的立场是资金增值，关注重点在于平台的收益率与安全性，力求低风险高收益的投机套利机会；第三方机构的立场是自身的商业模式与盈利能力，关注重点在于行业所有平台的运营数据等方面，力求通过全覆盖创造流量价值和数据价值，从而实现自身盈利。

相较于投资人和第三方机构而言，政府监管的评价较为宏观，且与评价对象之间不存在利益关系，评价重点在于平台运营的合规性，评价目标主要是建立合理的监管体系，实现对不同金融市场监管政策套利空间的限制与创新性需求的平衡，维护社会稳定。但当前的监管成效还不是很明显，主要原因在于政府监管政策的制定更多的是基于对 P2P 企业宏观层面的评价结果。在现实发展中，决定 P2P 企业乃至整个 P2P 网贷行业发展方向的因素可能体现在非常微观的层面。

总的来说，投资人的评价基于买方立场，对平台关注度较高，但高收益低风险的追求却导致其很难深入到 P2P 借贷作为一种金融资产的本质层面；第三方机构的评价基于卖方市场或弱买方市场，是利益相关主体，虽然考察的指标比较多，但结果的客观性和准确性有待评价；而政府监管政策基于监管立场，是利益脱离主体，着重于 P2P 网贷行业发展的规范性层面，是 P2P 企业调整方向的重要风向标，但目前而言更大程度上属于宏观评价、事后监管，预见性和细则化程度不强，引导意义有待加强。

基于此，为了打破常规监测方式的局限，本课题组联合了买方立场的星火钱包，共同对 P2P 企业的投资价值做了综合性研究。对 P2P 企业投资价值的评价主要包含两个层面的内容，一是对 P2P 借贷作为金融资产本身的投资价值评价，主要涉及风险与收益的匹配性分析；二是对 P2P 企业综合的投资价值评估，主要涉及 P2P 企业运营过程中的各个方面内容，是对其投资价值的综合评价。

该评价体系基于理性投资角度，有机结合微观视角与宏观视角，对 P2P 企业运营的各个方面作出投资价值的综合评价，并根据行业发展历程，深入到债权类型内部，对未来的行业投资价值增长点进行深入剖析，力求为投资者、P2P 企业、政府监管乃至行业，提供颇具参考价值的信息：通过对金融资产风险收益特性的分析，帮助投资者树立理性的投资观念；通过对 P2P 企业运营过程中的要素分析和对 P2P 网贷行业不同细分债权类型的风险点分析，帮助政府把握最近的风险控制要素，从而制定切实有效的监管细则，从被动式监管向主动式监管转变；通过对行业内现存 P2P 企业的综合投资价值评价，帮助行业明晰未来的发展方向。

（1）对投资者的意义

投资者关注的重点在于投资策略。一方面，立足于金融资产本质的投资价值评价，能够帮助投资者树立"风险与收益相匹配"的正确投资理念；另一方面，对 P2P 企业投资价值的综合评价，能够帮助投资者深入了解其将要投资的领域与标的。

P2P 网贷行业的投资人群以懂互联网金融的年青一代为主，但在这个人群中也存在"唯收益论"、"背景论"等错误的投资观点，认为收益率高就可以投资、有背景的平台安全性肯定高等。这一方面是基于利益最大化的立场，另一方面是基于行业本身的特性。至于受教育程度、人性贪念等因素，虽然和这些投资观念也存在联系，但却不是本质要素，因为任何一个金融领域，都会受到投资者专业程度和人性弱点的影响。

P2P 网贷行业作为一种新业态，虽然是从国外引入的，但在引入的过程中又具备了中国特色，主要体现在二者的运营模式差异上。国外的 P2P 网贷平台只是单纯的信息中介，对借款人的信用资质进行线上审核，风险由投资人自担。这种网络借贷模式在引入到国内后，除了拍拍贷还保持着较为纯正的信息中介角色外，大部分平台为了进入市场吸引客户，陆续推出了"刚性兑付"、"兜底"、"100% 本息保障"等增信措施，导致的结果是，P2P 借贷作为一种金融资产，竟背道而驰，走向了"高收益零风险"的危险方向。

当这种趋势与投资人利益最大化追求的需求碰撞到一起时，给整个行业带来了偏离理性的发展，给投资者带来了巨大的经济损失。

事实上，没有投资价值的平台，即使承诺了刚性兑付、兜底，这个价值也是值得投资者认真考量的。P2P 网贷平台的准入门槛并不高，其法人的经济角色注定了其经济责任的有限性，从法律意义上来说，刚性兑付是缺乏依据的，发生风险时，投资人仍需自己埋单。然而，投资者在面对"高收益零风险"的诱惑时，往往忽略了背后的风险，或者认为风险在自己的掌握中，可以随时在风险来临前顺利退出。殊不知，任何事物都是不确定的，对诱惑的趋近恰好给了行业不正规现象生存的土壤，让那些不注重综合实力的 P2P 网贷平台狂卷市场，从而给自己带来不可挽回的损失。

正是因为投资者的单一立场以及相关投资误区的存在，导致其对 P2P 企业投资价值的认识不足，识别能力低，对风险的理解不够深入。

本课题基于买方市场对 P2P 企业的投资价值评价作了系统研究，既契合了广大投资者的切身利益，又通过更系统的评价体系，对 P2P 金融资产，对 P2P 网贷平台的基础实力、运营实力、保障实力、信息透明度等多个方面进行了综合考察，不仅帮助投资者树立更为理性的投资价值观点，在更深层次上更是让投资者群体对 P2P 企业的风险点以及投资价值评估有了更为透彻的了解，培养其独立思维的能力。

（2）对国家监管措施的意义

随着经济的不断发展和改革的不断深入，建立多层次的融资市场成为发展方向，未来的金融市场将更加开放、更加多元。

政府监管政策的出发点是行业的合规经营，是对不同金融市场监管政策套利空间的限制与创新性需求的平衡，是对投资人的保护与社会稳定的维护。换言之，监管不是为了扼杀 P2P 网贷行业，而是为了引导行业走向良性、健康的持续发展道路。

P2P 网贷行业是互联网金融的新兴业态，其开放性和虚拟性使金融业务综合化发展趋势加强，传统的分业监管模式面临越来越多的挑战，且在创新机制的激励下，P2P 网贷行业的业务模式和运作模式不断创新，风险点也越来越多。一方面，这符合当前政府监管鼓励创新的初衷，但同时也提高了监管难度，基于传统评价方法制定的监管措施，很难适应新的业态发展，更不用说通过监管提前把风险扼杀在摇篮中。

然而，金融市场要开放，需要透明的制度，健全的法制，有效的舆论、媒体发声，有序的规则监管。这些要素，就目前的 P2P 网贷行业而言，还不是非常完善。

基于此，本课题拟定了不同于传统评价体系的 P2P 企业投资价值评价，从宏观视角出发，对 P2P 企业的投资价值作了综合性研究，并结合微观视角，根据行业的发展历程及趋势，深入到 P2P 企业运营内部，深入到不同债权类型内部，力求为政府监管政策的制定、细化与落实，提供有价值的参考信息；为国家监管措施在事前监管、事中监管、事后监管等方面提供有效的方向。

其实，政府自身也已经有意识地向主动式监管方向转变。从政府监管政策的制定进程,不难看出,政府监管在不断努力,跟紧行业时代发展步伐,且有越来越细化的趋势。据知情人士透露,政府监管政策除了2016年8月正式发布了《网络借贷信息中介机构业务活动管理暂行办法》外,还有计划制定P2P企业的内部风险控制指引方案。这和本课题中的从平台开始转向细分债权的研究方向不谋而合。

(3)对行业发展的意义

投资价值评价对行业发展的意义首先体现在对被评价的P2P网贷平台发展的意义上。

抛开诈骗、非法集资等因道德风险而导致的问题平台,当前大量P2P网贷平台也存在运营模式和风险控制模式不健全,信息透明度建设广受投资者诟病,甚至"拆金额、拆期限"等违规经营也时有发生等情况,造成的后果是运营风险值加大、投资人流失、流动性风险暗藏等重大问题,这些问题在爆发时都会给平台带来难以想象的后果。这些问题平台并非不愿意朝合规方向良性发展:P2P网贷行业本身发展的时间还不太长,又属于创新机制比较强的领域,各P2P网贷平台的成立时间、规模都不尽相同,且"成功"的案例也不太多。虽然在资产类型上可以复制,但在资产质量、运营模式、风控方案等核心方面,要实现成功复制是非常困难的,这就导致众多P2P网贷平台对其投资价值的实现路径感到异常迷茫,在自身发展的定位和战略方向制定上缺乏根据,行业对标更是无从谈起。

而本课题着手研究的P2P企业投资价值评价,既从金融资产的本质出发,为平台的资产端建设提供了理论基础,又从平台最基础的数据和指标入手,对平台运营过程中涉及的各个方面都提出了问题和思路,可助力平台从基础实力建设、运营模式完善、信息透明度等方面进行提升,从而促进平台不断走向良性发展。

投资价值评价对行业发展的意义其次体现在对明晰P2P网贷行业持续、健康的长远发展方向上。

随着P2P网贷行业的快速发展,倒闭、跑路等行业问题纷纷出现,既给投资人带来了严重的经济损失，也给一些因非道德风险而倒闭的平台本身带来了伤害，更影响到了整个行业的健康持续发展。

对比中外 P2P 网贷行业的发展历程可以得出，过去几年中国互联网金融的快速发展很大程度上取决于政府采取的适度宽松监管政策。但这另一方面也导致大量社会资本的涌入，并且其中大部分对 P2P 网贷行业甚至是金融行业没有经验积累，对 P2P 借贷这种金融资产、对如何运营好以该资产类别为主营业务的企业，缺乏认知，缺乏经验，甚至缺乏模仿对象。更有甚者，一些平台怀揣非法集资等特殊目的而来。这些平台往往采取高息、大规模宣传等手段，结合前文提到的，投资人对这个新兴行业还不是很熟悉，对 P2P 借贷本质上是属于一种金融资产的概念还不清晰，导致这些劣质平台吸引了大量的投资人，形成了"劣币驱逐良币"的恶性循环。

这些行业现象，是 P2P 网贷行业发展过程中经历的阵痛，导致了社会投资观念的扭曲，使风险聚集、放大和蔓延的密度和速度过度，严重影响了行业内一些正常运营平台的健康发展，影响了对自身企业投资价值的评估与建设方向。且在跑路、诈骗等事件屡屡发生，行业风险不断曝光之后，投资者对行业发展逐渐存在偏见、失去信心，无形之中又为 P2P 网贷行业的发展蒙上了一层阴影。

本课题从 P2P 企业的投资价值评价的角度，对金融资产的风险收益性作了理论溯源，对平台运营的各个方面进行了分析评价，力求重新树立投资人理性的投资观念，为行业驱逐紊乱无序的迷雾，在良莠不齐的行业环境中确立规范发展的标准，从而让更多运营合规、发展良好的好平台为社会投资大众所接受，促进 P2P 网贷行业走向规范化发展。

1.2 P2P 企业投资价值评价文献综述

P2P 网贷起初源自欧美，在中国发展的历史还不太长，且基于国内外网贷行业环境的巨大差异，导致 P2P 网贷平台在国内具有了"中国特色"，很难适用于国外关于网贷行业的研究成果。

具体而言，在美国，Lending Club 和 Prosper 占据了行业 98% 的市场，其债权主要是个人信用贷款。平台充当的是信用中介角色，需要基于公认的 FICO 信用评分体系对借款人进行资质审核，因此也就不存在对网贷平台投资价值评价的理论研究。这种模式下，P2P 信用评级的主体是平台本身或第三方机构，评价的对象是债权本身。当前，主要是借助于征信数据（标准普尔、惠誉、穆迪）以及平台历史交易信息来进行债权评级，例如，Prosper 运用第三方征信数据以及借款人申请数据、历史交易数据建立违约模型，数值范围是 1 至 11，分值越高，违约概率越小，信用风险越小；Orchard（第三方信用评级机构）采用直接的违约模型方式对借款人进行评分，分值区间为 0 至 100%，分值越高，违约概率越大，信用风险越大。数据显示，这两种评分结果的趋势正好相反，但评级结果几乎一致。因为美国网贷行业中平台数量少，征信体系健全，信用审核评价合理，投资人直接投资的难度并不大，因此其理论研究的重点就更多地放在了投资者风险收益预期与资产债权的匹配等投资策略上。

反观中国，从 2007 年拍拍贷诞生以来，截至 2016 年 6 月底，已经成立了四千多家网贷平台，具体监管措施尚未出台，行业门槛低，征信体系不健全，个人信用贷款只占资产债权中极小的比重，且债权同质化严重，优质债权稀缺。网贷平台除了充当信用中介的角色外，也要以担保、垫付、兜底等风险保障承诺来吸引投资者。也就是说，债权/平台的风险才是理论研究的重点，且也是行业健康发展的必然要求。

基于此，中国 P2P 企业投资价值评价这个课题提上了议程。作为研究主体之一的星火钱包，它认为 P2P 企业投资价值的评价实际上是对平台的评级，而 P2P 网贷平台的标的就类似于资本市场的债务，企业或个人通过 P2P 网贷平台发行这些债务，P2P 网贷平台充当着信息中介的作用，但是同时对通过自身渠道发布的债务有审核的作用，平台的长期发展依赖于这些债务的质量。因此，债务质量与平台质量一定程度上成正比关系。考虑到这些，星火钱包在投资自有资金时首先考虑的是对网贷平台投资价值的评价和评级：通过一系列评级指标进行评价，再通过合理的方式（如 O2O 线下调查、DW 动态监测体系和评级、质询委员会等）进行平台级别的最终确定与调整。

具体而言，该课题针对的主体是国内已成立并处于正常运营的两千多家网贷企业，研究的重点是 P2P 网贷平台的评级。目前在理论研究上关于这部分内容还少有成果，实战结果上已经有数家机构发布了网贷行业排名前 20、前 50、前 100 等评级报告，但具体的评价标准以及理论支撑，相对而言还比较薄弱。

本着严谨的治学态度和客观的实践要求，在理论研究上，我们对该课题进行了分解，首先对 P2P 信贷资产这一金融资产类别进行了经济理论上的溯源，其次对运营管理、风险控制、法律监管、技术安全等 P2P 企业的运营细分过程进行了理论上的考据，最后从业内已有的评价结果出发，列举并分析了行业评价现状及问题。

中国 P2P 企业投资价值的评价，实质上是对各网贷企业风险与收益合理性的评价及对网贷企业运营能力的评估。

（1）P2P 网贷作为一种金融资产类别，可归于高收益类风险债券，适用于一般的金融产品规律。首先，P2P 网贷作为一种新兴的金融资产，对它的评价离不开风险溢价这个核心概念。然而基于过往行业"高收益 + 保底承诺"的特征，导致 P2P 网贷作为金融资产的这一特性并未得到业界重视，无论是在理论研究上，还是在实战过程中，业界的重点大多放在了收益率的动态趋势上，顶多把非常规的高收益（超出法律规定的最高水平）作为某一个风险点。但实际上，作为一项金融资产，风险和收益是相关联的，资产会因其高风险享受利率补偿，与此相关的还有超额收益概念（网贷基金有所涉及），超额收益主要是指扣除风险补偿收益后的收益率。

对于风险溢价，国外经济学家早有论述：风险溢价最初主要是用于评价股票资产与其他无风险资产之间的内在关系，后来扩展到任意两种资产收益率之间的关系。对于 P2P 资产而言，目前我们更多关注的是它与无风险资产之间的关系。在这一板块内容，当下的研究成果主要集中于一般均衡理论，该理论主要基于资本资产定价模型理论。1952 年，马柯维茨在《金融杂志》上发表论文《证券组合选择》，阐述了证券收益和风险分析的主要原理和方法，论证了通过资产组合分散风险的重要投资原则；后来威廉·夏普在此基础上提出了《证券组合分析的简化模型》，大大简化了不同资产间相关度的计算过程，并创立了资本资产定价模型 CAPM，把资产类型从证券扩大到广泛意义上的金融资产；与此同时，斯蒂芬·A.罗斯提出了套利定价理论，指出有效市场是无风险套利机会的。托宾在马柯维茨的基础上，把无风险资产和现金一并考虑进了资产组合理论，他认为风险和收益同方向变化，收益的正效用随着收益的增加而递减，风险的负效用随着风险的增加而递增，资产选择均衡发生在最后一个风险性资产带来的风险负效用恰好能抵消其收益正效用时。

这些理论对我们研究 P2P 这种新型金融资产是很有借鉴意义的。以资本资产定价模型 CAPM 为例，假设把央行 1 年期定期利率看做是基准利率（无风险资产的时间价值），P2P 资产的利率水平主要由 β 系数（该类资产的系统性风险）决定，β 值越高，该类资产的风险越高，所能得到的补偿收益也就越大。也就是说，风险与收益是成正比的。此外要注意的是，从消费者行为心理学来说，投资者对于不会立即到来的风险往往缺乏清醒的认识，而对立即到来的收益却往往会估计过高，也就是说，很多事件的发生并非没有认识到风险的存在，而是对风险与收益的把握出现了错误估计。

（2）关于国内 P2P 网贷平台投资价值的理论研究，成果还不是很丰富，多集中于对行业细分领域的探讨，在评价方法上有一些理论上的创新，如基于大数据、决策树等基础的信用评价方法研究。

在行业细分领域研究上，主要分为投资者行为、风险控制、收益因素、债权评级、征信机制、资产类别、业务模式、监管法律、投资者维权、技术安全等方面。债权评级方面，多由平台进行，如拍拍贷和陆金所，理论研究上大多是基于对这些平台的实证研究，来探讨利率、额度、成功率与债权信用等级的关系以及债权评级的功效问题；个人征信体系构建方面，理论研究上有探讨信用数据获取处理方式，并提出利用国内特有的社会关系属性（熟人链条）进行信用评级的，也有根据 AHP 层次分析法来进行信用评级研究的，还有的对个人信用交易的法理进行研究；法律监管方面，有从法理起源的角度对当前 P2P 网贷行业的法律监管现状作了解析，并引用马克思关于法律的观点——"法制作为经济生活的记载，总是植根于一定的经济生活而又落后于变化的经济生活"，也有从《票据法》、《合同法》、《担保法》等层面对网贷行业资产业务进行研究；收益因素方面，有文章从实证检验出发，验证了网贷平台综合收益率的影响因素，但并未就金融资产的角度从风险溢价角度阐述网贷平台资产的收益率水平；技术安全方面，主要探讨的是通过包括但不限于建立专家池信任、构建分布式的分级网络、基于共享时长等方法来完善 Peer to Peer 这种点对点互联网技术的安全性；细分资产类别方面，无论是对个人信用贷款还是对专利权质押融资，都有理论上的探讨，这对资产类别同质化特别严重的 P2P 网贷行业的风险控制及投资价值评价是比较有指导意义的。在平台评级方面，虽有极少数文章涉及理论上的研究，如对征信机构与网贷平台合作模式的探究，但更多地在于以课题组的形式，在实证方面进行操作，具体可见下面第三小点。

此外，值得一提的是，《P2P 借款人融资可得性影响因素的实证研究：基于结构方程模型的检验》一文对 P2P 网贷行业的起点作了理论上的初步探讨，分析了融资成功率的影响要素，虽然结论完整度还有待提升，但对需要与行业发展速度相匹配的理论研究却有重要意义。

总的来说，行业还处在发展的初级阶段，相应的理论研究还没有跟上节奏，并且主要集中在各个细分领域，和实践领域结合也不够紧密，关于网贷企业投资价值的理论研究更是几乎没有。但随着 P2P 网贷行业的发展，相信对相关理论的探索肯定会更加深入和完善，且理论与实践也会慢慢结合在一起。

（3）关于国内 P2P 网贷平台投资价值的实战成果，目前主要集中于对网贷平台的评级上，且业内已有数家机构主体布局这块业务，但整体来说良莠不齐，公信力不够，且多以结果式的方式呈现，解释不够充分。其实，对当前身处监管缺失、乱象丛生却又发展迅速阶段的 P2P 网贷行业来说，第三方专业评级是一个很大的市场，从大公国际、惠誉等专业评级机构，或网贷之家、网贷天眼等垂直门户，和中国社科院、清华大学、中国人大等学术机构的涉入，就可见一斑。虽然涉足的主体机构很多，研究报告也不少，但目前来说，还没有任何一家机构树立起了强大的市场公信力与号召力。这一方面意味着评级机构要确立其权威是比较难的，另一方面也意味着这块蛋糕仍然还在，空间巨大。

具体而言，通过对业内评级报告的整理，发现网贷评级中存在如下现象：

多采取合作的方式进行课题研究，且课题名称与参与主体有些分不清楚

中国社会科学院金融研究所、中证金牛金融研究中心和中国人民银行金融研究所联合发布了"P2P 网贷评价体系"，易观智库、理财魔方和中央财经大学中国互联网经济研究院联合发布了"中国 P2P 网贷平台风险评级报告"，棕榈树和泰格金融共同发布了"中国网贷平台评级体系"（国内首个由民间机构推出的网贷评级体系），中国人民大学国际学院金融风险实验室联合互联网金融搜索平台融 360 发布了网贷评级报告；中国社会科学院金融研究所、清华大学经济管理学院联合网贷天眼发布了首个基于数据分析的网贷评级排名。

从个人评级走向机构评级

从 2010 年开始，基于网贷平台风险开始显现，一些个人投资者基于资金安全和投资策略，开始自发地对在投或预投平台作出评级，如羿飞。

这一方面促进了行业的发展，但另一方面，局限于有限的个人精力，这种评级的覆盖面还比较狭窄，且因为利益相关性，可能也会影响评级的客观性。随着行业的发展，评级机构开始涉足这一领域，一开始主要以网络社区的形式为载体，如网贷天眼、网贷之家等，但因盈利模式和利益关联等问题，也导致了对评级客观性的偏离；再后来便出现了惠誉、大公国际、棕榈树等专业化评级机构，虽然这些机构在评级领域具有较大的知名度，但在 P2P 网贷评级领域，却走得并不顺利，例如，大公国际在历时八个月研究后发布的首份研究报告就引来了市场的诸多争议，除了因为陆金所（在其他评级报告中基本处于最高等级）等知名平台在其预警名单上外，其评价标准与过程的披露不到位也是重要原因。其实，目前业内所有的平台评级报告，就其评价过程以及评估标准都没有很好地做到信息的公开与透明。

评价指标体系以静态为主，评价方法单一，评价结果指导意义有限

从网贷之家、融 360、中国社科院、大公国际、理财魔方、易观智库等评级机构所发布的评级报告中，不难发现，所有评级报告的评价体系都大同小异，对于不同平台不同问题的权重系数缺乏赋权管理，且后续的动态监测和调整较少，整个评价指标体系以静态为主；此外，评价方法上更多地追求绝对量化。量化虽然在金融领域中占有重要地位，但即使是在相对较成熟、数据非常丰富的证券领域，实施起来也比较困难，更何况是处于起步阶段且缺乏监管的 P2P 网贷行业。很多指标能够感觉到它存在某一个界定的数值，但却无法具体衡量，此时刻意追求量化反而没有意义。以平台的发展周期为例，一个行业或一个具体的企业，肯定是存在一个发展周期的。但是，这个周期具体有多久，所伴随的风险有多大，都是无法真正衡量的，且模式不同，分值反映肯定也不尽相同。这也就不难理解投资人对一些评级报告中关于非常规标、偿兑性等指标具体评分的疑惑了。这些因素共同影响了评级结果的公信力问题，再加上信息披露的不透明，历史数据的不充足，相关利益的搅局，监管细则的缺失，评级标准的不统

一，导致整个评级体系并未起到其应有的行业引导作用，反而本身形成了良莠不齐、相互矛盾的评级结果与相互攻讦的评级报告。

诞生了网贷基金这一本身内带网贷评级性质的机构投资者

随着 P2P 网贷行业的发展，逐渐衍生出了一种基于债权转让模式的机构投资者网贷基金，这一机构的操作流程是先用自有资金购买多笔债权，经过拆分打包后再转让给投资者，投资者成为债权人，借款人成为债务人。在这一过程中，网贷基金充当了分散风险和债权转让人的角色，其业绩直接与债权购买行为相关，也就是说，网贷基金的职责就是对投资者的资金安全进行风险过滤，而这必须依靠一个相对比较完善客观的评级体系。很明显，这种评级区别于专业的第三方评级或其他类型评级，它存在内在的利益相关性驱动，从理论上来讲其客观性和准确度都会更高，间接有效地补充了当下的评级体系。

总的来说，当前关于 P2P 企业投资价值评价的理论研究，还多集中于对 P2P 网贷平台展现出的风险现象的定性思考，并未深入到理论的根源，如 P2P 网贷行业的借贷模式、资产特征、产品设计、风险管理、商业模式、融资融券等方面，且发布渠道也以期刊、报纸、软文等为主，权威性有所缺乏。换言之，目前 P2P 企业投资价值的理论研究无论是在宽度还是在深度，都还远远落后于现实、落后于行业发展的进度，很难为行业相关者提供比较有价值的理论指导。

因此，本课题不仅在评级体系和方法上进行了创新，更在评级的理论溯源上作了尝试，且对评价结果作了详细分析，使课题成果不再局限于单一的排名，而是深入到 P2P 企业的内部运营过程，以背景系和业务逻辑系的 P2P 企业为例，从不同视角阐述了 P2P 企业投资价值评价的过程。

2

P2P 企业投资价值内涵及评价思想

2.1　P2P 企业投资价值的内涵与特征

2.1.1　投资价值的内涵

　　P2P 企业投资价值是指，作为一个网贷信息中介机构，从其基础实力、运营实力、保障实力、信息透明度和用户体验感等方面所折射出的 P2P 企业健康可持续发展能力与 P2P 企业投资标的风险收益匹配度。

　　首先，金融的本质是在同等风险下获取更高的收益，或者说是在同等收益下追求更具确定性的投资方向，即在经济理性指导下的最佳投资选择（在不提高风险的情况下无法再提高收益，在不降低收益的情况下无法再降低风险），也可看做是单项金融资产的投资价值。

　　其次，对以 P2P 借贷金融资产信息中介为主营业务的 P2P 企业来说，资产的质量只是企业投资价值的一个组成部分，还需考察一家企业的综合实力，具体可从基础实力、运营实力、安全保障实力、信息透明度、用户体验等方面出发，将平台投资的风险性与效益性量化，从而实现真正的投资价值评价。其中，平台基础实力评价的是 P2P 网贷平台公司的基本信息以及项目的整体情况，是投资价值最直观的表现；平台运营实力评价的是平台的运营情况及潜力，是评价一家网贷企业发展现状及潜力的重要指标；安全保障实力评价的是平台给投资人提供的投资保障以及平台资金保障等方面的情况以及潜力，是网贷企业安全性与可持续发展的重要内容；信息透明度评价的是平台本身和信息的公开情况，是辅助实力考察和安全性考察的重要指标；用户体验感评价的是用户满意度，是互联网金融用户思维的重要体现，是网贷企业投资价值的间接衡量要素。

具体而言，P2P 企业投资价值包含以下内涵：

（1）P2P 企业首先是一个网贷信息中介机构，投资价值必须落实到投资标的本身上；

（2）基于当前行业发展阶段的特征，P2P 企业投资价值还无法离开对企业本身可持续发展能力的评估，甚至于某些时候要优于对投资标的本身的评价；

（3）投资价值概念本身，突破了以往仅从成交量、规模等单一、静态的数据层面评价企业的局限，深入到了数据内在的逻辑关系、P2P 企业运营模式和业务性质等各个层面，是对 P2P 企业和投资标的的综合评价。

为了深化对 P2P 企业投资价值内涵的理解，本文将从横向对比角度下的美国 P2P 企业投资价值评价和纵向对比角度下的国内 P2P 行业不同发展阶段下的企业投资价值评价这两个角度来着手进行分析。

（1）美国 P2P 企业的投资价值描述

在美国，P2P 网贷平台 Lending Club 和 Prosper 占据了行业 98% 的市场，资产类别以个人信用贷款为主，由投资人自行决策并承担风险。P2P 网贷平台在这一过程中充当的是信用中介角色，需要对借款人进行资质审核，审核的依据是公认的 FICO 信用评分体系。

这种模式下，平台主要借助于征信数据（标准普尔、惠誉、穆迪）以及平台历史交易信息来对债权进行评级，体现了 P2P 借贷资产风险与收益的匹配。投资人直接投资的难度不大，只需根据自己的收益预期合理配置自己的资产。

在这个过程中，P2P 网贷平台本身的投资价值，更多地体现在其运营规模上，如覆盖的可投资人范围（美国对不同类型平台可接受的投资人资质有要求，例如，Lending Club 最初作为一家零售投资平台时，只对某些州的投资者开放，且投资者必须满足一定的收入要求）、运营业绩、知名度、受监管的程度等。

（2）国内行业不同发展阶段中的 P2P 企业投资价值评价

国内的 P2P 网贷行业，萌芽于 2006 年中国类 P2P 公司宜信的成立；起步于 2007 年第一家互联网贷款平台拍拍贷的成立，之后的近三年里，国内 P2P 网贷行业一直处于起步阶段，运营模式开始初步形成。这个阶段中，P2P 企业的综合投资价值主要在于行业标杆的树立和资本市场对行业未来的预期等方面。从结果上可以看到，这个阶段成立的拍拍贷和人人贷，无论是在运营成果上还是在资本青睐度上，都是当前业内的标杆平台，且拍拍贷一直沿用了国外纯信息中介的运营模式，在国内尚属特例。

2011 年中国平安集团成立陆金所，为行业的发展树立了极强的信心，中国网贷行业开始步入迅速发展阶段。至 2013 年末，P2P 网贷行业快速成长，平台增加速度加快，商业运营模式多元化发展，各种联盟、协会涌现，发展势头较为迅速。这个阶段中，各 P2P 企业的投资价值主要体现在其债权来源以及运作模式的创新上，但传统的评价方法无法适应金融资产定价的需求，对行业的新评价体系提出了需求。

进入被称为中国互联网金融元年的 2013 年后，网贷行业呈现爆发性增长趋势。但国家监管力度也在不断加大，市场渐趋理性，P2P 网贷行业开始了横向整合。这个阶段中，P2P 企业的综合投资价值主要体现在平台合规性的运作及债权内部的风控管理上。从对 P2P 网贷平台的评价走向对平台债权的评价，是未来评价体系的一大发展趋势。

总的来说，国内征信体系尚不健全，个人信用贷款只占资产债权中极小的比重，且债权同质化较为严重，投资人缺乏理性的投资观念。如此背景下，网贷平台除了充当信用中介的角色，还要通过担保、垫付、兜底等各种增信措施，为投资者提供风险保障承诺，方能持续吸引投资者。很明显，这一方面是由中国特殊的市场环境决定的，但另一方面也暗示着行业需要调整的方向。只有充分释放金融资产的风险，方能在阵痛中培养出理性的市场环境。但这个过程，不能脱离对 P2P 企业投资价值的综合评价，不能偏离 P2P 网贷行业的持续发展方向，而是需要依托该投资价值综合评价体系，建立适合 P2P 网贷行业新业务模式的资产风险定价体系，建立从平台走向债权的投资价值研究方案。

2.1.2 投资价值的特征

P2P 投资本质上属于类固定收益，而 P2P 企业属于网贷信息中介的类金融机构，P2P 借贷资产属于创新性投资品种，因其创新性、新颖性以及资产的特殊性而存在风险性，这一点在投资时不可忽视；与此同时，P2P 企业作为承载 P2P 借贷资产的创新性机构，属于类金融机构范畴，因其存在时间短、运营模式多样化以及创造手段复杂等特点，在未全部规范化的情况下也不能忽视其存在的风险。所以，在目前的 P2P 投资市场上，投资者实质上面临着 P2P 债权和 P2P 平台的双重选择：在 P2P 投资上类似资产配置，在选择投资平台上类似 FOF 的挑选，更进一步地，在目前的市场格局下，选择 P2P 平台较债权选择更加重要。在双重投资价值的选择下，存在风险与收益平衡、短期运营与长期可持续发展的平衡、金融创新能力三大特征。

首先，表现为其风险与收益的平衡。

在风险与收益的平衡上面，投资者面临着对债权投资价值的评价和对企业投资价值的评价的双重评价，这无形中加大了风险收益比的研究难度，但这也是本文投资价值要解决的问题与重要特征之一，也是对投资价值的创造性贡献。

对债权投资价值的评价方面，前文已述及 P2P 借贷作为一种金融资产，必然离不开对其风险和收益的分析，而信贷、车贷、房贷、融资租赁等具体资产类别不同，风险收益比不同，这也是本文后续按照资产类别进行分类排名的原因。在本文中，对于各项不同债权类别下的投资价值采取了广泛而又有特点的指标体系。根据体系指标的投资价值评价，投资人可以根据个人的风险承受能力和意愿，建立适合自己的投资品组合，从而实现与承担的风险相匹配的合理回报。

对 P2P 企业投资价值的评价方面，主流市场按照资产价值评估法、现金流量贴现法、市场比较法等多重方式，因为 P2P 企业对财务状况披露较少，本文对 P2P 企业投资价值评估更多地涉及资产价值评估及市场比较法，从实缴资本、背景实力、风控团队、运营模式等方面进行全面剖析。同时，精选被评估企业相同或近似的参照企业的上述指标，在分析、比较重要指标的基础上，修正、调整企业的市场价值，最后确定被评估平台的投资价值风险与收益。

其次，表现为短期运营与长期可持续发展的平衡。

P2P 网贷属于互联网金融范畴，因其互联网属性，所以存在易传播、数量增长快等显著特点，传统借贷模式通过互联网可以实现蔓延式发展，短期见效极快。自 2013 年进入互联网金融元年开始，中国的 P2P 网贷行业在企业数量、投资人数、投资领域以及总成交额等方面均实现了爆发式增长，2014 年的年度成交额比之前数年的累计成交额还要多，2015 年单月成交额也早已实现了千亿元级别，有的平台在短期内成交额、投资人数等方面翻倍增长。但公开资料显示，出问题的平台占据了成立平台的将近 1/3，而在这些平台中不乏成交额高、投资人数多的重量级平台。

究其原因，一方面很多平台运用互联网流量思维，不断推出大额优惠活动吸引投资人；另一方面对于 P2P 债权的审核标准放松，不断加码资产端数量建设，而这两者之间又是互相影响的，一大批新进入的企业缺乏风险管理意识、流动性管理意识，对金融行业运作模式不清晰，导致出现重大问题。

但是，我们也应该清晰地看到，互联网金融的金融属性决定了互联网金融是利基市场，尤其是互联网金融的小额、多样化更加决定了运营成功的关键在于长尾理论，只有不断壮大规模，利润才可能实现覆盖风险及运营费用，最终实现不断地发展壮大。

所以，从行业运行本质出发，关注 P2P 企业规模与质量的平衡，既立足于模式的基本，又着眼于企业的长期发展，最终实现短期运营与长期可持续发展，成为投资价值的重要特征之一。

最后，表现为其金融创新能力。

互联网金融是互联网行业与金融行业的跨界结合，依托于大数据、云计算技术以及支付技术、征信技术等方面的快速发展，P2P 网贷行业的创新在底层资产、产品设计、市场运营等方面均实现了创新和突破。

P2P 网贷行业的底层资产不断扩大，标准资产与非标资产皆已纳入底层资产范畴，个人债权、特定资产收益权、应收账款权利等多种权利都可以被设计成可投资产品，更进一步地，特定产品消费权等更多的权利都被开发出来而不断丰富。同时，以底层权利为基础的更多创新性投资产品被设计出来。固定收益产品、浮动收益产品、结构化产品、分级产品以及类期权产品等不断丰富了投资产品的范围。最后，在运营模式上，P2P 网贷平台在"线上 + 线下"的 O2O 市场拓展策略或纯线上策略、线上线下双重审核风险控制或者依托于社交、网购大数据形成的纯线上评级，以及风险保障金、风险保证金增信等方面均开展了创造性应用。而这些创造性特点，是之前的互联网企业或者金融企业所没有的，所以，在底层资产、产品设计、运营模式等方面的创新性评价，将成为投资评价的重要特征。

2.2 P2P 企业投资价值评价思想

2.2.1 以"投资价值"为评价目标

在前文关于当前网贷平台评级成果的总结内容中提到，当前业内大部分评级体系依赖的评价指标是不全面、不深入、不动态的静态化的指标。其中，许多重要指标没有被考虑到，而一部分并不需要的指标却占据了极大比重，从而很容易造成整个评级体系失衡。

造成这种现象的关键在于：对 P2P 企业的评级更多的是基于对某些静态的片面的现象分析，是为评级而评级，没有把网贷企业看做一个整体，没有以网贷企业的投资价值为评价目标去构建评价体系。

以网贷企业投资价值评价为目的的评价体系，关注的是网贷企业的可持续发展价值，是其风险收益的平衡状态和金融创新能力，不仅需要涵盖平台基本实力、平台运营情况、安全保障实力、信息透明程度和用户体验感五大主要内容，还要深入到指标体系内部，深入到它们之间的相互关系和内在逻辑，更要根据现实发展情况的实时变化，不断调整评价结果。只有这样，才符合以投资价值为评价目标的评价思想。

首先，需要把指标做细，如平台规模与平台成交量的大小，在一定程度上的确可以反映平台的经营状况，但却并不能完全反映平台的经营真实情况，也不能判定平台的投资价值，就像国家的 GDP 总量指标，更多的是一个存量积累的概念，其增长确实能在一定程度上反映国民收入的提高，但却不能推论：因为 GDP 增长了，所以人民的生活水平提高了。也就是说，在构建评价指标体系时，需要将影响基础实力、运营实力、安全保障等方面的每一个因素以及相互间的影响作用关系都找出来，再根据其可取性来进行判断选择，最终形成较为完整的评估体系，而非仿照传统企业的财务指标衡量方法去确定风险。

其次，评价体系建立后，需要根据现实情况的变化随时调整，不合理的剔除，未到位的补充，不以一次到位的完美为唯一标准。例如，我们经常用 GDP 来衡量经济发展水平，但随着国家经济发展方式的转变与结构的调整，当未来单纯以 GDP 衡量经济发展水平并不能够很好地反映经济实际时，应当对该评价方向及时予以调整。正如卡尔·波普尔所言，科学只能被证伪，而无法被证实，永远"正确"的东西反而不一定是正确的。评价体系也是如此，在此时此刻此地，评级指标体系应该尽可能地完整、深入、客观，但随着环境的变化，它也需要实时调整实时更新，我们需要的是一个动态的符合现实要求的评价指标体系，而非一个偶像式的高高在上的存在。

综合来讲，目前星火钱包的风险评级体系还比较契合网贷企业投资价值评价的三个思想：完全意义上的买方评价导向，类似于债券基金和货币基金的动态评级体系，以网贷企业投资价值为评价目的的评价体系。

2.2.2　以"动态评价"为逻辑起点

基于 P2P 网贷平台评级结果的缺陷，再考虑到 P2P 网贷投资的可变性比较强，从生态科学分析的角度来看，只有动态预警性的评级才能满足投资者和行业监管的需求。

但就实际结果而言，在当前的业内评级体系中，尚未建立起真正的动态预警性评级体系。从理论上来看，动态评级体系，具体可以从以下几个方面着眼：

（1）动态评级的目的是防范平台未来发生的风险，而非对历史风险进行静态的解析，因此动态评级体系必须紧紧抓住风险产生的根源，将平台生态的参与主体、参与客体、参与要素全部包容。在一个生态系统当中，任何风险都是主观行为主体与客观要素结构共同作用的结果，其中客观要素发生作用是通过主观主体行为才能产生的，因此主体的行为才是一切风险的根源所在。也就是说，只有充分考虑到每一个主体行为的作用，才能够看清风险的程度与影响。P2P 网贷行业的主体包括平台本身、互联网载体、投资方、借款方、担保方、评级方、监管方和托管方等。一个动态的评级系统，它的所有指标设计应当紧紧围绕这些参与主体展开，而不能仅局限在一个主体，只有这样才能够让风险评估结果更加精确。同时，它更应当考虑到相关的生态体系对它的影响，P2P 行业生态毕竟从属于金融体系，从属于经济体系。正所谓牵一发而动全身，其他生态体系环境的变化将无疑会冲击行业安全。

（2）动态评级体系的风险评估应当从风险的传导机制切入，如此才能够使指标与方法更具有针对性与准确性。一个风险的传导机制简单来说就是"主体行为出现变化—主体各方力量失衡—生态系统失衡—风险爆发"，风起于青萍之末，这句话不假。主体行为的变化往往可以从细节中发现。具体到网贷平台，风险其实就是它的每一笔业务流程以及每一个参与方参与的业务所引致的结果，这些结果共同造成了主体力量的失衡。因此，动态评级体系指标的建设，应当着重从参与主体所参与的业务流程切入，找到每一个风险可能产生的因素。

（3）动态评级体系的指标应当具有阶段性与差异性的特征。互联网金融发展具有纵向阶段性与横向差异性的特征。当前国内金融改革的步伐逐步加快，P2P 网贷参与主体的行为影响因素日渐复杂，因此动态评级系统的指标应当具有一定的灵活性。在指标设计上，更应当体现出不同平台的差异性，指标的结果不仅能有一定的集中趋势，也应当反映一定的离散程度。指标量化上，能够更加具有趋势性与平稳性的分析，一个平台的发展必然具有阶段性与周期性的特征，因此，在指标的量化上则应当较好地契合这一特点。在指标的权重上，也应当具有一定的调整系数与浮动比例，这是受平台的行业特殊性与发展特殊性所影响的，在发展的不同阶段，在平台的不同背景与经营业务下，指标的影响程度并不相同。因此，唯有体现灵活与动态变化，才能够符合行业的发展特征。

（4）动态评级体系的方法应当是主客观相结合的，具有针对性与适用性。评级体系最重要的一步是对平台的风险评估出一个大致的量化结果，这就必然将要涉及指标权重的考量。然而，正如前文所说，并非所有的指标都能够量化，也并非所有的指标都适合量化。量化不当将造成指标失去评估意义，就像一栋房子，指标就是这栋房子的一砖一瓦，而指标的评估方法则是建造房屋的水泥，水泥用错了地方，砖块也必然不会稳当。动态评级指标的评估方法应当针对这些指标所代表的业务与所反映的含义选择相匹配的合适方法，如此才能够使评估更为有效。

（5）动态评级体系必须能够很好地监测到参与主体的预期变化。众所周知，推动社会经济发展的动力之一就是社会主体对经济的期望。对网贷平台来说，其发展也是依赖于平台参与主体的预期的。网贷平台能够发展壮大，其关键在于三点：需求、信任和控制监管。需求在于草根阶层有投资需求，将资金存入银行又获利甚微，放入股市风险太大、门槛较高；同时，中小企业、个人消费和创业等主体都有强烈的贷款需求，且银行很难满足这种需求。网贷平台的作用恰恰在于给具有投资需求与贷款需求的群体一个相互沟通的机会，并促使二者达成协议，实现双赢。信任在于：投资者相信平台能够为其挑选值得信任的借款人；投资者相信借款人不会逾期还款或者不会不还款；投资者相信平台不会出现提现困难、跑路、挪用资金；投资者相信在出现问题之后担保公司与平台会垫付本息；投资者相信社会的评级机构所评价出来的结果是合理有效的；投资者相信监管机构与社会大众对平台的监督与平台自律能够促使平台经营管理规范合理；投资者相信平台公布的信息都是合理的，都是经过审查的，都是没有水分的，是真实与全面的数据；平台也相信投资方是理性的等。控制监管即平台有足够的能力控制风险与预防风险，监管体系与制度足够完善并且可以防止平台出现违法行为。这三大关键要素共同形成了平台的预期，因此风险评估需要围绕这三大关键而展开。

（6）动态评估体系中的舆情监控最重要的是能够起到预警的作用。舆情的传导过程正好是"由点及线，由线及面，由面及体"，或"由体及面，由面及线，由线及点"的反向传导。舆情的评估与动态风险的评估体系并不一致，动态评估体系可以对指标进行赋权并计算出风险值，但舆情监控的目的并不是最后需要计算出一个具体的数值，舆情监控的目的很明确，即在舆情即将发生之前能够起到预警的作用并能够在发生舆情之后测算出舆情的后续发展趋势，以降低平台的风险损失。也就是说，动态舆情的目的在于事先预警，同时能够根据舆情传导的过程推算出舆情产生的影响以及后续的波动，由此来对平台决策产生影响。舆情监控中最重要的是对舆情进行评级，针对舆情的影响程度而分级，如此，才能够使舆情评估更加准确。

2015 年 7 月 18 日，中国人民银行联合十部委共同发布了《互联网金融健康发展的指导意见》，标志着 P2P 网贷监管的一只靴子正式落地，网贷行业未来将面临加速的洗牌。动态评级体系未来的建设将以其适用性与针对性为中心，随着监管环境与社会经济环境、行业环境的变化而不断进行结构性的调整。未来的动态评级系统将会是以下几种姿态：

（1）动态评级体系将充分基于大数据优势，建设成为更加智能的评级体系。通过将碎片化的数据进行分析整理成为有用的数据，确保评级体系指标的全面覆盖与指标针对的准确性。

（2）动态评级体系将基于多维度数据模型与算法对风险进行评估预测。从不同的角度出发，将可能囊括不同的风险因素，从而计算出不同的结果；动态评级的目的是希望精准预测风险，因此多维度数据模型与算法将成为其独有优势。

（3）动态评级系统的数据与模型将做到实时更新。不同的环境，不同的发展阶段，行业所面临的风险将会变化，原有的风险因素将无法全面描述其风险特征。因此，只有将新的风险因素归纳，并对原有的数据分析模型进行调整，它才会更具准确性与合理性。

总而言之，动态评级未来将会是全面的、智能的、变化的评级体系。该文也正是从这个角度来着力探索的。

2.2.3 以"买方市场"为评级导向

前文在总结业内关于 P2P 企业投资价值评价报告时，提到其评级结果公信力还很不够，其中一大原因就是利益关联性，而这正是基于评级的立场问题。在当前僵化的评级指标和不统一的行业评级标准下，即便是采用同一套评价标准，评级立场的差异也足以导致完全不同的评级结果。其实，因为立场不同导致结果差异的远不止网贷行业，就像证券市场中因为证券分析师所站的立场不同，他们也被划分为卖方分析师和买方分析师。其中卖方分析师受雇于投资银行或券商等金融机构（卖方），他们撰写和发布研究报告的根本目的在于为所在卖方机构更好地发展业务，分析立场自然也是站在这一方，收益全部来源于卖方机构；而买方分析师则恰恰相反，他们可能是单个的投资者，可能是纯粹为投资者进行咨询和服务的机构，他们的收益来源于投资者，进行投资分析时主要站在投资者的立场考虑问题。

类似于证券评级市场，网贷评级也可以从评级人/机构的立场及其生存的收入来源进行分类，如分为卖方市场、弱买方市场以及买方市场。

（1）基于卖方市场的网贷评级，其评级主体一般会开设网贷评级和论坛等服务，运营模式和数据接入所需的资金主要依赖于网贷卖方市场（P2P 网贷平台）的资助或广告费用，因此在评级时极有可能向收益来源方倾斜，结果自然也就偏离了客观性和真实性。如快速贷、上咸 BANK、易网贷、通融易贷、呱呱贷等平台，出现问题时在评级报告里还处于比较靠前的位置，这可能会对投资者造成误导。

（2）基于弱买方市场的网贷评级，其评级主体会用自有资金投资，结合投资体验和风险分析进行网贷评级，并根据评级结果作出自有资金的投资决策，但也有部分资金和收益是来源于 P2P 平台的资助或广告费用，因此从评级的出发点和收益立场来看，可被称为弱买方市场网贷评级。以贷出去为例，示范基金是其自有投资资金，网贷评级结果会影响到该基金的投资决策，因此其网贷评级结果相较于卖方市场而言会更加客观。

（3）基于买方市场的网贷评级，完全以买方评价为导向，网贷评级结果机构运营和收益来源主要依赖于投资者，网贷评级结果的出资人相当于就是网贷投资人（评级的目的是为了客观地评价风险，加强己方投资资金的安全性，吸引更多投资者）。在这种利益关系中诞生的网贷评级的客观性和真实性将在最大限度上得以保证。具体而言，这类评级机构的典型代表就是前文提到的网贷基金，如星火钱包。它作为广大投资者用户以及自有资金的资产管理方，风险控制是重中之重，需要极大地依赖于自身的网贷评级结果。因此，这一类机构的网贷评级体系必须超越墨守成规式的对各类指标的综合评级，结合实际情况，构建出更为严谨、客观、准确的风险评估体系，除了资本投入外，更要考虑对评级体系中人才和研发需求的投入。如此，从这种单一的评级立场来看，该类机构的网贷评级会更加客观和真实，对网贷投资也更具参考价值。

综合来看，这三类网贷评级最大的区别在于立场的差异。卖方市场网贷评级由于资金和收益主要依赖于 P2P 网贷平台的资助或广告费，其评级结果不可避免地会向提供资助的平台倾斜；弱买方市场网贷评级虽然有自有资金进行投资，但其多元化服务的运营模式决定了或多或少会与一些 P2P 网贷平台之间存在合作关系，甚至是资助与被资助关系，这种关系中出来的网贷评级结果仍然无法做到完全的客观和真实；而买方市场网贷评级与前两者最大的区别就是基于对管理的自有资金和投资人的资金安全负责的出发点，它必须完全站在投资者的角度进行评级，这种立场诞生出的网贷评级结果自然更加客观和真实。

通过对比，结合现实，不难看出，买方市场网贷评级将会成为行业主流。具体可以从以下三个方面进行考虑：

（1）市场需求角度。随着网贷行业的发展，作为 P2P 机构投资者的网贷基金也将蓬勃发展，其以买方评价为导向的评级结果也将逐渐进入人们视野，因买方立场必将受到同为买方的广大投资者的追捧。

（2）行业发展角度。买方市场网贷评级本身，因其立场的内在特征，要求评级体系更多地往风险控制方向倾斜，而这对整个 P2P 行业而言，无疑是一份 P2P 网贷平台风险强弱的名单表，可以间接加大其民间监督力度，加速行业健康发展。

（3）体系完善角度。随着行业的发展和投资者规模的扩大，鉴于买方市场网贷评级完全的投资者角度，多方力量会从内部外部自发推动该评级体系的自我完善，这一方面体现了网贷评级体系本身应有的素质，另一方面相较于其他类型的网贷评级体系，拥有更为快速灵敏的市场反应机制，符合发展规律。

3

P2P 企业投资价值评价模型

3.1 P2P 企业投资价值评价模型设定及技术实施路线

3.1.1 P2P 企业投资价值评价模型设定

从对 P2P 行业的发展现状分析，我们了解到 P2P 企业的投资价值的评价不仅仅是对 P2P 当前的风险的评估，更多的是对 P2P 企业的可持续发展经营的预判以及动态的监测评估，而影响 P2P 企业的可持续发展经营的因素有很多，除了经济环境之外，更多的是 P2P 企业本身的基础和可持续经营的实力，尤其是风险管理上的投入和科学性。此外，P2P 企业的高风险的特性，使 P2P 企业的可持续经营很重要，从投资的角度来看，随时关注所投 P2P 企业的动态，尤其是风险动态相当重要。因此，我们将对 P2P 企业投资价值评价的模型设定为动态的生态系统，这个系统对 P2P 企业投资价值的评价通过计算机智能等手段可以实现数据、体系的持续改进以及评级结果的及时更新和变动。模型如图 3 – 1 所示。

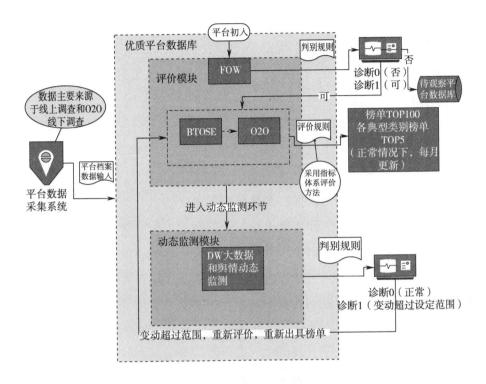

图 3 − 1   P2P 企业投资价值评价模型

3. 1. 2   技术实施路线

针对上述 P2P 企业投资价值评价模型，上述动态投资价值评价生态系统模型要得以有效实施，有几大要素是必备的，并且也是上述模型得以实施的难点。

（1）指标体系的合理制定和量化

通过翻阅众多文献以及历史案例，我们发现评价的方法很多，目前采用较多的是指标体系评价方法，本课题拟采用指标体系评价方法对 P2P 企业投资价值进行评价。

因为 P2P 企业的初生特性，各方制度均不完善，包括行业内部自律制度、行业国家监管和民间监管制度等。P2P 行业的发展方向相较于其他行业而言，存在巨大的可变空间，P2P 企业的发展定位以及业务等发展模式也在快速的变化中，因此对于投资者而言，P2P 企业的投资价值还是存在较大可变性的。我们认为对 P2P 企业投资价值的评价需要动态实时更新，这就需要高效地获取大量的信息，那么指标体系的合理性和量化方法就必须好好斟酌了。

（2）P2P 企业动态数据库的建立

P2P 企业不同于上市公司，新兴企业没有详细披露财务报表的义务，但是 P2P 企业相较于其他民营企业的一大进步之处在于，行业已俨然形成自律规则：公开披露平台数据，尤其是融资项目信息。为了获取更多有价值的数据，数据库的建立和完善也是一个长期的工作。尤其是在本课题初期，不能完全做到评价模型中所设想的数据完全自动获取和定量处理，加之当前想依靠计算机做到完全智能的数据量化处理还存在一定的困难和偏差，因此，本 P2P 企业动态数据库的建立除了需要应用计算机数据自动获取技术外，还需要借助一定的人工数据提取、处理，包括线下 O2O 数据的搜集。

（3）投资价值指标体系评价的具体方法确定

指标体系评价的具体方法涉及指标的筛选方法和具体的评价方法，这些方法很多，包括主成分分析法、因子分析法、聚类分析法、层次分析法、综合评价法、熵值法……

课题组在分析现有的综合评价方法、现有企业评价方法、已有的各类资产证券化方法以及 P2P 评价方法的实验探索过程中发现，不同的评价方法对于评价的有效性是有一定影响的，很多情况下，样本数据的限制、环境的限制等因素对评价结果的影响是很大的。想要对 P2P 企业的投资价值进行合理的评价，需要选择合适的评价方法，且需要较强的可操作性。

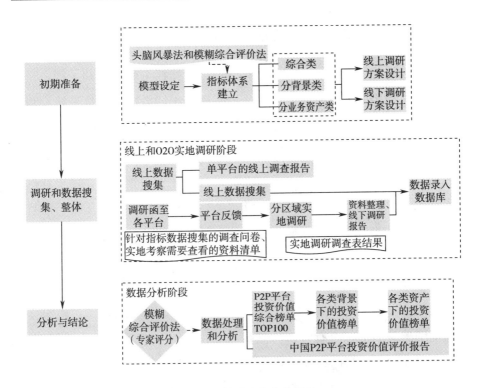

图 3 - 2　技术路线实施过程

3.2　IFRM 投资价值评价指标体系

在设定 P2P 投资价值评价模型之时，在综合考虑众多评价模型的基础上，我们最终选择采用指标体系评价方法。整个评价系统的模型中，评价指标体系分为 FOW、BTOSE 及 O2O、DW 三大指标模块，我们将整个指标体系命名为 IFRM（Internet Finance Risk Management），这一套指标体系源自星火钱包的风险管理体系，而对于 P2P 的投资价值判定而言，其风险评估是重中之重，因此我们取其关键而命名。在本书后续所称的投资价值评价指标体系均指 IFRM 体系。

3.2.1　IFRM 体系指标选取方法

指标体系的可行性包括指标影响作用以及指标可获得性两方面。最常用的做法是利用因子分析或者聚类分析等数据统计方法在海量大数据指标中进行筛选。然而，这类方法并不适合尚未成熟的 P2P 网贷行业，因为 P2P 企业成立时间短，中国最早的 P2P 企业成立至今也不过 8 年时间，当前大部分 P2P 企业成立时间为 1~2 年，3 年以上的寥寥无几，历史数据以及数据的可获得性无法满足因子分析、聚类分析所要求的数量级，而且考察 P2P 企业的投资价值更多应该考虑的是风险的评估，对于指标的获取与量化目前行业还未形成统一的标准。所以在综合考虑这些方法的基础上，课题组最终通过"头脑风暴法 + 模糊综合评价法"，对指标进行综合筛选与模糊评价。首先是筛选指标，课题组运用"头脑风暴法"，在确定指标选择范围的基础上，由所有指标制定者自由发言，不受批评地提议指标，从而获得大量待评价的指标；其次是模糊综合评价，课题组根据其影响作用先对待评价的指标进行筛选汇总，然后根据影响该指标的因素进行不同层次的分值设定，并得出分值，最后将所有分值进行模糊综合，得出结果。头脑风暴法与模糊综合评价法的结合，最大程度上保证了指标的全面性与真实性。此外，整个指标体系作用的发挥也受到指标的可获得性影响，而课题组采取的模糊综合评价方法也能对指标可行性进行评分，得到所有指标可行性的综合评分。基于此，课题组最终根据指标的模糊综合评分方法，选择出指标体系中三大模块中最具代表性的核心指标。

3.2.2　IFRM 指标体系简介

IFRM 体系分为三大指标模块，分别为 FOW、BTOSE 和 O2O、DW。其中，FOW 为投资价值评价的平台入选指标体系，BTOSE 和 O2O 是深度评价指标体系，DW 是动态跟踪预警指标体系。对 P2P 企业的投资价值评价必须经过这样几大步骤。

第一步是 FOW，IFRM 体系的平台评价入选指标体系，总共分为三类，分别为 F 禁止类、O 观察类、W 预警类。体系中，每一类指标中均包含多项判断性指标，我们将其均定量化为 "0～1" 变量指标，从而制定分项和总分项的入选下一步的标准。

第二步是 BTOSE 和 O2O，IFRM 体系中 P2P 投资价值评价的体量最大的一部分。前期的入选指标以及后续的跟踪指标体量均较小，这是因为需要通过一些核心关键的判断指标进行快速的判断和反应，真正地为具体的投资策略提供指导意义的是根据 BTOSE 和 O2O 具体指标进行的评价和评级结果。因为入选后真正进入到星火钱包 IFRM 数据库中进行 BTOSE 指标体系详细数据搜集的平台并不是很多，且其中大部分平台已完成至少一次的线下调研，所以 O2O 的大部分指标是穿插在 BTOSE 中的，明确标明 O2O 的是额外的线下调研感官上的评价指标。

第三步是 DW，IFRM 体系中 P2P 投资价值评价的持续跟踪改进部分。对于正式进入数据库的平台，计算机对平台的数据以及简单的舆情自动进行处理，加上跟踪人员实时关注的动态，通过计算机和人工处理共同跟踪实现 DW 预警系统的数据持续更新，到一定程度可能触发重新评价的机制，包括 P2P 网贷平台的评价和评级的变动，甚至是 FOW 或者 BTOSE 的指标的改进。

3.2.3 FOW 指标

FOW 是 IFRM 体系的评价入选指标体系，课题组根据投资价值的内涵、特征以及国家颁布的监管相关方面的文件，从近 100 个入选指标中筛选出了 39 项指标，并根据风险级别程度分为 F、O、W 三类指标，其中 12 项 F 指标，14 项 O 指标，13 项 W 指标。只有当被考察企业的 FOW 数据达标时，该 P2P 企业才有可能进入到下一个 BTOSE 数据搜集评价环节，有必要时还会对该企业进行 O2O 线下调研。具体指标如表 3－1 所示。

表 3 – 1   FOW 指标体系

目标指标	说明	指标	评判选项
F（禁止）	该指标为禁止类指标，一旦出现其中任意一项及以上指标，即本项目总得分大于0，则直接不考虑投资。	出现过提现困难	是（1） 否（0）
		草根平台且未公示创始团队	是（1） 否（0）
		平台有涉诉信息	是（1） 否（0）
		有证据证明为自身或具有关联关系的借款人融资（自融）	是（1） 否（0）
		平台出现假标	是（1） 否（0）
		直接或间接接受、归集出借人的资金（有资金池）	是（1） 否（0）
		项目存在期限拆标	是（1） 否（0）
		项目用途为投资股票市场	是（1） 否（0）
		夸大宣传（整改后改成：向非实名制注册用户宣传或推介融资项目或者存在虚假夸大宣传）	是（1） 否（0）
		无资金存管或者托管（整改完成后本指标更改为无银行资金存管）	是（1） 否（0）
		没有在监管部门登记备案（整改后再加入本指标）	是（1） 否（0）
		存在混业经营（整改期完成后再加入本指标）	是（1） 否（0）
O（观察）	该指标为观察类指标，出现其中任意两项及以上指标，总得分大于1，则与 W 预警类指标一起跟踪考察平台，综合考虑是否进行下一步的评价。	上线时间不满半年	是（1） 否（0）
		借款人小于 10 人	是（1） 否（0）
		前三名借款人借款金额超过 50%	是（1） 否（0）
		投资人小于 100 人	是（1） 否（0）
		满标时间出现明显上扬	是（1） 否（0）
		成立 2 年以上但利息仍然维持在 20% 以上	是（1） 否（0）
		（拆标前）标的金额超过 500 万元	是（1） 否（0）
		抵押物估值或者抵押率过高	是（1） 否（0）
		没有说明平台所属公司名称	是（1） 否（0）
		高管关联企业和房地产等行业有关	是（1） 否（0）
		以玉、古玩、字画等艺术品抵押贷款为主要业务的平台	是（1） 否（0）
		某两个或更多平台由同一人或同一运营团队控制	是（1） 否（0）
		创始团队的金融背景非常薄弱	是（1） 否（0）
		企业法人出现变更	是（1） 否（0）

目标指标	说明	指标	评判选项
W（预警）	该指标为预警类指标，出现其中任意两项及以上指标，总得分大于1，则与O观察类指标一起跟踪考察平台，综合考虑是否进行下一步的评价。	平台公告一个月内没有更新	是（1）否（0）
		舆论中出现跑路或倒闭言论	是（1）否（0）
		关联企业存在法律纠纷	是（1）否（0）
		与其合作的担保公司、小贷公司等出现倒闭、受处分、不合规等现象	是（1）否（0）
		平台实际控制人与该平台担保公司同一人且平台仅有该一家担保公司	是（1）否（0）
		第三方机构紧急撤资	是（1）否（0）
		平台大户撤资	是（1）否（0）
		平台转型做其他业务	是（1）否（0）
		客服电话是空号或联系不上	是（1）否（0）
		贷款余额出现大幅变动	是（1）否（0）
		现金流连续四周为负	是（1）否（0）
		新借款下降幅度超过30%	是（1）否（0）
		新借款突然大幅度上升的时候	是（1）否（0）

如表 3 - 1 指标体系所示，F 类指标属于禁止类指标，该项全部指标属于禁止投资类指标，目前包含 12 项，一旦出现则直接不考虑投资；O 类指标属于观察类指标，包含 14 项指标，该类中一旦出现了其中两项及以上指标就需要考虑与 W 指标综合考察了；W 类指标属于预警类指标，包含 13 项指标，该类中如果出现了其中两项及以上指标，则也需要与观察类指标一起考察，再决定该平台是否继续观察、不投资还是进入 BTOSE 阶段数据搜集。

与此同时，"模糊综合评价法"筛选指标的过程中，这 39 项指标为什么能最终入选作为 FOW 体系指标存在一定必然性，以下是关于其中一些指标的详解。

3.2.3.1 F 类指标

F 类指标包含 12 项指标，分别为出现过提现困难、草根平台且未公示创始团队、平台有涉诉信息、有证据证明涉嫌自融或者庞氏骗局、平台出现假标、平台有资金池、项目存在期限拆标、项目用途为投资股票市场、夸大宣传、无资金存管等。

（1）出现过提现困难

提现困难主要用于衡量平台的现金流状况以及卷款跑路的风险程度，是 P2P 网贷行业投资者的重要风险指示标。出现过提现困难的平台极有可能意味着平台现金流已经断裂。

2015 年 8 月爆雷的 365 金融，有投资者爆料称，自 2015 年 6 月起，因拆标、逾期和期限错配三重因素叠加影响，网贷平台 365 金融提现困难已接近两月。投资者曾多次自发组织前往 365 金融进行维权。此后平台公告称，将与香港上市公司汇思太平洋进行资产重组，8 月 20 日全面恢复充值提现。然而，8 月 19 日平台再次发布公告称，资产重组出现变故，将提现日期再次延期至 8 月 31 日。恢复提现日期一拖再拖，令投资者们焦急万分。尽管此后平台于 7 月 28 日发布公告停止线上充值，但依然继续发标。加之，在投资者提出查标要求后，却遭到平台拒绝。因此，有理由怀疑平台资金链早已断裂，并存在"以新还旧"的嫌疑。

（2）草根平台且未公示创始团队

创始团队是判断一家平台运营能力的基本指标，大部分平台都会选择在其官网公示创始团队的基本信息，公示的内容可以包括联合创始人或核心管理团队的基本信息（不同于股东）。实践发现，如果某家 P2P 平台的背景并无特色且没有公示创始团队，其平台的道德风险和运营风险均较大。例如，365 金融的官网从上线以来除了公示过其总经理之外并未公布任何其他的创始人或者核心管理人员，且该平台也没有任何背景，因此该平台涉及投资禁止类指标。

但是关于创始团队和高管团队的公布与否不包括有国资或者上市公司背景之类的平台。这类由国资或者上市公司全资或者控股的平台大部分的高管团队来自其母公司，甚至技术等支持也源自母公司，这类公司有腾邦创投、银湖网等系列。因此，本禁止类指标是指草根平台且未公示创始团队。

（3）平台有涉诉信息

"平台有涉诉信息"主要是指平台本身或平台的重要人员曾经有过失信被执行记录。这项指标对接全国法院被执行人信息查询系统、全国法院失信被执行人名单公布与查询平台，若该平台法人、股东或者核心管理人员有涉诉记录，则该平台被列入禁止类平台。

以名车贷为例，该平台前法人钱维政（可通过全国企业信用信息公示系统查询到该记录，于 2015 年 3 月 17 日发生变更）就曾有过失信被执行记录。

（4）有证据证明涉嫌自融或庞氏骗局

自融是 P2P 网贷行业内较为严重的一项风险，专指有实体企业的老板为帮自有企业或关联企业融资，选择开设一个 P2P 网贷平台，把筹到的资金绝大部分用于内部输血。庞氏骗局则是一种以新还旧的投资欺诈形式，通过不正常的高额回报持续性吸引新投资人加入。老投资人的资金回报来源于新进投资人的投资本金，而非真正的实体经济项目。一旦新进资金跟不上节奏，庞氏骗局就会面临崩溃。

以国湘资本为例，国湘资本于 2013 年成立，隶属于深圳市前海国湘金融信息服务有限公司，该公司是深圳市国湘集团有限公司的全资子公司。国湘集团的经营范围有预包装食品批发（不含复热预包装食品，含酒类），具体表现为传统行业的酒类销售，且该集团于 2015 年 4 月 17 日就经营范围作了工商变更，新增供应链金融一项业务。

看国湘资本的标的信息，该平台累计融资将近 9 亿元，标的类型基本为基酒抵押借款，实际借款方只有少数的几个酒企，业务范围集中。

基酒是生产酱香型白酒中用于勾兑的酒（酱香型白酒需要用不同批次、不同酒窖、不同味道的酒进行"勾兑"），是酱香型白酒的灵魂，产量稀少，价值昂贵，可长期保存。正因为如此，当茅台镇因整体产能过剩而导致资金回笼困难时，基酒投资这种新型投资模式就顺理成章地成为了茅台镇的资金脱困途径。作为酒类产品公司，国湘集团除了可以销售成品酒之外，还可以自主采购基酒，进行勾兑后再包装卖出。后一种方式的利润空间更大，也是一般酒类公司惯常采用的方式，并且符合国湘集团酒类预包装食品批发的经营业务范围。也就是说，国湘资本平台发布的标的，既有可能是集中度较高的基酒抵押借款，也有可能是供应链金融，还有可能是自融。三者的区别在于：第一种业务类型中借款酒企和平台不一定有直接关联，风险主要在于借款的集中度和借款企业的大规模逾期；第二种业务类型中借款酒企是国湘集团的上游企业，且国湘资本购买了该酒企的基酒或其他产品从而形成了借款企业的应收账款，借款企业再把应收账款债权转让给投资者（国湘资本平台普遍被外界认定为酒供应链金融模式，但从供应链金融业务的本质来说，该模式需要二者间发生应收账款关系）；第三种业务类型中借款企业实际上是国湘集团自身或关联企业，通过把积压的基酒库存抵押获得融资变现。当然，如果国湘资本属于自融性质，那么国湘集团和借款企业间就必须有所关联，而这也和供应链金融业务一样，属于自融疑点。

（5）平台出现假标

项目的真实性是平台风险评估的重中之重。一旦平台大部分标的为假标，则平台的道德风险较大，一旦发现平台出现假标，则平台长期的运营风险较大。因此"平台出现假标"为禁止类指标。

例如，阿朋贷的某个车辆抵押标，期限为 1 个月，开始时间为 2015 年 10 月 19 日，但是在其车辆抵押登记上显示车辆抵押登记日期却为 2014 年 5 月 4 日。换言之，该标的存在较为明显的假标嫌疑。

（6）直接或间接接受、归集出借人的资金（有资金池）

平台资金池是平台的运作模式，这种运作模式容易产生平台假标、自融现象的出现，也是平台信息不透明的最明显的标志。因此，一旦发现平台有资金池，表现为直接或者间接接受、归集出借人的资金，则该平台禁止投资。

资金池的判定最明显的特征是资金流向不明确，规模增长快，e 租宝、大大集团这一类平台显然符合这些特征。

（7）项目存在期限拆标

项目期限拆标是指，平台将一个长期借款项目标的拆成多个短期借款项目标的，这种模式虽然满足一定资金流动性要求，但是期限拆标的模式之所以能正常运转是因为借新还旧，一旦其中某一个环节出现问题，容易造成挤兑风险，使资金链断裂。这种资金模式运作的平台存在较大的风险。

以三农资本为例。这个平台于 2015 年 1 月上线，该平台从上线开始就以较高的利率、投标红包等奖励以及较高的流动性吸引投资者，2015 年上半年，利率普遍为 15% 以上，有债权转让功能，平台所发布标的大部分为短期标的。从标的以及披露的资料来看，平台存在期限拆标，而平台用户多数冲着平台的活动而去，2015 年下半年 P2P 网贷平台频频出险，该平台撤资情况较为严重，因此出现了挤兑风波。这与平台的期限拆标的资金模式有较大关系。

（8）项目用途为投资股票市场

股票市场变化较快，也较大，资金未直接用于实业，具有较大的投机性。加之 2015 年上半年到下半年的股市急转，当初从事股票配资业务平台或多或少被波及，踩在法律的边缘。本项禁止项被列入网络借贷信息中介机构禁止业务项，因此也被列入投资禁止项。

（9）夸大宣传（整改后为：向非实名制注册用户宣传或推介融资项目或者存在虚假夸大宣传）

该条例实际上是为了从侧面避免平台的道德风险。对平台和产品的夸大宣传有骗取投资人揽储的嫌疑。如前期曝光的 e 租宝、大大集团等均可列入夸大宣传系列，规模扩张太大，业务来源、资金流向也不明确，有较大的庞氏骗局的嫌疑，这一类平台是千万不能碰触的，属于禁止类指标。2015 年 12 月 28 日新出台的监管细则征求意见稿对禁止这类活动有了明确的规定：不得向非实名制注册用户宣传或推介融资项目，不得存在虚假夸大宣传。

（10）无资金存管或者托管（整改完成后本指标更改为无银行资金存管）

资金的流向需要明确，这是保障 P2P 项目资金真实性的一个有力手段，多数平台有资金存管或者托管，可能是连连支付、宝付、汇付天下等中介平台，同时也可能是银行。但是整体而言，进行银行资金存管或者托管的少之又少。监管细则中明确提出，要求各网络借贷信息中介机构实施银行资金存管，负有对平台的资金项目流向的形式审核责任。因此该条禁止项指标在后期行业整改上轨道后修改为无银行资金存管。

（11）没有在监管部门登记备案（整改后再加入本指标）

征求意见稿中明确要求从事网络借贷信息中介机构需要在监管部门登记备案。这是监管细则真正实施后的准入门槛。后续需要加入禁止类指标中。

（12）存在混业经营（整改期完成后再加入本指标）

现今网络借贷机构的发展趋势是多元化的。然而监管细则中不允许网络借贷信息中介机构从事其他业务，这是对业务隔离的相关要求。因此，如果后续监管细则开始实施，这一项指标将纳入禁止类指标体系中。

3.2.3.2　O 类指标

O（观察）类指标包含 14 项指标，分别为上线时间不满半年，借款人小于 10 人，前三名借款人借款金额超过 50%，投资人小于 100 人，满标时间出现明显上扬，成立 2 年以上但利息仍然维持在 20% 以上，（拆标前）标的金额超过 500 万元，抵押物估值过高，没有说明平台所属公司名称，高管关联企业和房地产等行业有关，以玉、古玩、字画等艺术品抵押贷款为主要业务的平台，某两个或者更多平台由同一人或同一运营团队控制，创始团队的金融背景非常薄弱，企业法人变更。

（1）上线时间不满半年

上线时间是考察平台运营能力的辅助指标，一般而言，上线时间越短，运营能力挑战越大。没有历史数据和历史信息支撑，很难判断该平台的价值。当然，如果该平台的背景是由国资或者上市公司全资控股，这项指标又另当别论。因此，课题组将该项指标置入观察类指标。

（2）借款人小于 10 人

"借款人小于 10 人"是该平台借款集中的重要体现，这项指标首先反映了该平台业务上的运营能力，另一方面还反映了该平台业务资金风险，如果借款人小于 10 人，那么该平台承担的业务风险将相当大。因此，课题组将该项指标列入观察类指标。

以千和投为例，该平台只有一个借款人，一家奢侈品包装创意、品牌形象设计及生产的专业机构和高档包装整体方案提供商。虽然千和投是 P2P 网贷平台中的国资系，但是该项指标显示其业务和运营风险均较大。

（3）前三名借款人借款金额超过 50%

该指标反映的是平台的借款集中度，与"借款人小于 10 人"指标是相辅相成的。这项指标和前项指标之所以并未被列入禁止类指标是因为某些平台可能存在项目标的线下放贷完后，线上转让的可能性。从线上看，所有借款人集中在某几个人手中，这些借款人可能是该公司的员工，通过线下债权在线上转让的方式实现线下业务线上融资的模式。以这种模式运作的 P2P 网贷平台存在发假标的风险，因此，如果平台是以这种模式运作，则需要详细考察它的项目详情，借款证件等资料。因此，课题组将该指标列入了观察类指标。

（4）投资人小于 100 人

"投资人小于 100 人"是指该平台的投资人集中在少于 100 人中，平台的投资端面临着很大的集中压力。该项指标反映了该平台需要承担的运营风险较大，即 P2P 网贷平台对资金来源客户的依赖性很大。因此，课题组将该项指标列入观察类指标。

（5）满标时间出现明显上扬

"满标时间出现明显上扬"是指平台的满标时间明显变慢，该指标反映的是平台的业务运营情况。平台的业务运营情况基本上都可以通过线上反映出来。当然，满标时间出现明显上扬的原因是什么也需要核查，因此将其列入观察类指标。

（6）成立 2 年以上但利息仍然维持在 20% 以上

该指标主要判断平台的综合收益的合理性。随着 2015 年至 2016 年互联网金融的相关指导意见、法律法规的陆续出台，要求 P2P 网贷平台信息中介化，利息需要在合理的范围之内，各平台除了成立初期为了吸引顾客而做各种加息活动之外，后续利息仍然持续维持在高息状态，甚至不断涨息，应该说这种情况一定程度上反映了平台的运营状况，需要结合平台业务逻辑以及运作模式等方面的信息一起分析来判断平台的风险。因此，课题组将此项指标列入观察类指标。

以紫枫信贷为例，隶属于南京亚菲帝诺投资管理有限公司，该公司成立于 2012 年 1 月，注册资本 500 万元。平台于 2012 年 12 月上线，是运营三年多的老平台，当前基本利率根据标的不同期限维持在 8% ~ 20.4%。该平台于 2015 年 6 月出现提现困难的舆论，但在官网上除了平台于 6 月 19 日发布的连续两次受到黑客攻击的公告外，找不到其他相关信息。值得一提的是，紫枫信贷在 2015 年 7 月 10 日和 8 月 20 日相继发表了主题为不离不弃的公告，投资人回复中出现了提现相关的话题，不过总体来说，投资人对平台还是处于比较信任的状态。此外，这段时间紫枫信贷平台还出现了一系列变化：首先从 7 月 1 日平台公布的部分逾期抵押物处置情况可推算出平台已经垫付了五百多万元（注册资本是 500 万元，为自然人股东）；其次平台在 7 月 3 日发布为了节省运营成本而搬家的通知；紧接着于 7 月 7 日平台发布 A 轮股权融资计划公告，面向平台投资用户募集股权资金（和 808 信贷情况类似）；紫枫信贷主体公司在 8 月 27 日发生了法定代表人变更和办公地址变更，法定代表人从张健变为焦祥龙，据悉焦祥龙是执行董事，张健是股东；办公地址从南京市江宁区秣陵街道百家湖科技产业园清水亭路 2 号搬迁到了南京市雨花台区玉兰路 99 - 1 幢 2488 室、2489 室，与搬家通知里的地址略有出入；自 7 月 9 日发布一个 10 万元的房产抵押标的后，紫枫信贷于 8 月 25 日才开始再发标，且以大学生消费贷为主，除了 2 个利息为 12% 的 3 月标，其余标的全部是利息为 8% 的 1 月标，发标量明显缩减。总的来说，紫枫信贷属于成立 2 年以上但利息仍然维持在 20% 以上的平台。以平台的背景实力来说，风险控制稍微放松就可能导致现金流紧张，好在该平台运营时间较长，客户信任感相对较高，该事件并未给其造成致命性的打击。不过紫枫信贷股权众筹的挽救措施，从融资规模和自有注册资本金额来看，可能会是未来公司管理上的一大隐性风险，需要投资者多加关注。

（7）（拆标前）标的金额超过 500 万元

标的金额是衡量资产标的合理性的重要依据，是关涉平台风险控制的重要因素。单笔标的金额过大，意味着风险较为集中，不符合风险分散的要求。对金额较大的标的，平台一般会先拆标再放标，因此评价标的金额合理性时须以拆标前的情况为主。

从行业发展的起点来看，P2P 网贷平台通过互联网直接对接了人与人之间的资金供需，是互联网金融普惠精神的实践者，呈现覆盖范围广、标的金额小的特点。但标的金额这个概念是相对的，与其所属资产类别关联紧密。普遍来讲，个人消费信用贷和车贷等资产类别涉及的标的金额较小，房贷和企业贷等资产类别涉及的标的金额较大。常规来说，500 万元以上的大额标的多为大企业信用借款、担保借款和抵（质）押借款这几种类型，抵（质）押借款一般有房产抵押、玉石质押等。在监测这类指标时可以结合平台的背景进行考察，背景实力较强的平台可适当允许该类型标的的存在，当然不能忽视对标的具体情况的分析和研究。例如，华人金融的标的金额多数高于 500 万元，甚至部分标的达到了 2 亿元，但该平台属于上市公司背景，平台实力较强，可重点关注其高额标的的风险。因此，课题组将此平台列入观察类指标，需结合预警类以及其他深度数据进行分析。

（8）抵押物估值或者抵押率过高

抵押物估值和抵押率一定程度可以反映平台标的合理性。抵押物作为资金安全保障的一种方式，其估值与抵押率的合理性决定了投资人资金的安全程度。常规来讲，抵押物的变现能力越强，保值能力越大，其允许抵押的成数越高。车辆或房产作为流动性还不错的资产，其抵押率一般在七成左右，像豪车类资产，其抵押成数应该更低。

以一起好为例，其车金融 D137251 借款项目，抵押物价值 12 万元，借款金额 10 万元，抵押率八点三成，统计该平台其他车贷项目时可以发现，该平台所有标的的整体抵押率都在八成左右。因此在进行初步数据搜集时，该平台被列入待观察，需进一步搜集深入数据，由于进一步数据显示该平台背景、运营业绩较好，风控体系较为完善，其业务虽然是车抵押，但是风控系统中同时加入了信贷元素，借款人的信用审核较为严格，故将该平台列入可投资行列。因此，课题组将该项指标列入待观察类。

（9）没有说明平台所属公司名称

平台基本信息的透明是排除道德风险的重要指标之一，而平台所属公司的名称是其基本信息之一，如果平台本身都不公布其所属公司，那么可以认为平台存在道德风险的可能性较大，当然这并不是必然禁止类指标，不排除这种平台其他方面较好的情况。因此，该类指标被列入观察类指标，与预警类、禁止类指标一同观察分析。例如，位于北京的凤凰金融，虽然号称是凤凰卫视成员，但是其所属公司未披露，因此将其列入待观察项，此外，结合其没有披露创始团队、管理团队等基本信息，该平台被列入了不可投资系列。

（10）高管关联企业和房地产等行业相关

房地产项目开发前些年很火热，以致泡沫严重，加之房地产开发项目周期长，对资金链的要求极高，对于投资者而言，如果高管关联企业涉及房地产行业，对于平台而言是一大隐藏的风险，那么平台对项目的透明和真实性要求很高。课题组将其列入观察类指标。这类指标初步搜集时可能难以覆盖到，但是作为观察类指标，一旦发现就需要与其他指标一起深挖分析。

以电商贷为例，其 CEO 为某建设开发公司联合创始人，因此该观察类指标出现，综合考虑其他方面的指标，包括该平台 2015 年 3 月出现核心管理人员更换等，该平台仍被列入观察行列。

（11）艺术品抵押贷款为主要业务的平台

玉、古玩、字画等抵押物属于艺术品范畴，其特点是价值空间大，但估值难度高，且面临极大的赝品风险，即使是浸淫该行业数十载的专家都无法完全准确地把握其真假与价值。

总的来说，艺术品的价值不稳定，贬值风险较大，这类标的整体风险系数高，对以该模式为主营业务的平台需要提高警觉。如爱投资的爱收藏、艺金所的艺术金、艺投金融的艺利宝和艺融网的艺融火种计划等标的类型，以及四达投资曾经的红木抵押业务，这些业务产品均可列入艺术品行列，因此若平台无其他方面的亮点，建议将这些平台列入不可投资行列。因此，课题组将该项指标列入观察类指标。

（12）某两个或者更多平台由同一人或者同一运营团队控制

该项指标之所以将其纳入 FOW 指标是因为它在一定程度上可以反映平台自融嫌疑。同一人或者同一团队同时运营多个平台，在资本的运作中，相互之间的流转存在较大的可操作性，具有自融风险的隐患。但是这项指标需要与其他相关指标一起分析，因此，课题组将该项指标列入观察类指标。

如 e 租宝，其运作团队为钰诚集团的高管，同时，钰诚集团旗下同时运作了芝麻金融。此项指标显示了运作模式上的不合理性，因此该项指标需与其他禁止类或者预警类指标一起分析，平台列入不投资行列。

（13）创始团队的金融背景非常薄弱

选择该项指标主要是因为创始团队的金融背景可以反映平台未来的金

融运营能力。如果平台没有较好的金融背景，金融运营能力值得怀疑，当然如果平台其他方面有特色，则可以继续调研综合分析。因此，课题组将该项指标列入观察类指标。

如 2015 年 6 月限制提现的速可贷，平台创始人王东没有任何金融背景，其他渠道也无法获取其以往经历和信息，属于金融背景非常薄弱的平台。该平台于 2012 年上线，但是利息一直在 20% 以上，成立三年无任何风投。在此观察类指标的基础上，综合考虑这些信息，速可贷显然已列入不可投资行列，无须进行进一步深度数据挖掘。

（14）企业法人变更

法人发生变更是平台管理和运营出现重大转折的反映，此种情况是利好还是利差，需要结合实际情况综合判断并且跟踪观察，但是显然该项指标是风险的提示点。因此，课题组将该项指标列入观察类指标。

名车贷于 2015 年 3 月发生企业法人变更，法人由钱维森变更为李景昌，同期该平台公示的管理团队也出现了较大变动，除 CEO 未变动外其他管理层都离职，综合其他观察类和预警类指标，该平台被列入观察行列，后平台没有较大进展，将该平台被列入不可投资行列。与此同时，武汉平台易融恒信于 2014 年 10 月发生企业法人变更，由祁凯变更为吴志新，祁凯成立另外一家平台，因此平台被列入观察行列持续跟踪。后通过线下调研等方法进行深度数据分析，将平台列入投资行列。

3.2.3.3　W 类指标

W（观察）类指标包含 13 项指标，分别为平台公告一个月没有更新、舆论中出现跑路或倒闭言论、关联企业存在法律纠纷、与其合作机构出现倒闭不合规等现象、平台实际控制人与平台担保公司同一人且平台仅有该家担保公司、第三方机构紧急撤资、平台大户撤资、平台转型做其他业务、客服电话空号或联系不上、现金流连续四周为负、贷款余额出现大幅变动、新借款大幅下降或者大幅上升。

这类指标不仅是平台入选评价指标，还是 DW 监测的重点指标之一。

一旦平台出现这些指标，则需要分析平台的可持续性。若为所投资平台，则需要采取紧急措施。

（1）平台公告一个月没有更新

该指标是平台的运营指标，一定程度上反映了平台运营情况的动态，如果一个平台一个月都没有更新，我们可以认为该平台运营上存在较大问题。如果是还未入选平台，若其背景没有较为特殊的地方，我们有理由判定该平台基本不具备长期投资价值，若是在投的平台，发现平台长时间没有更新公告，则需要特别注意该平台了，必要时候还需要采取非常措施。

（2）舆论中出现倒闭或跑路言论

互联网时代是一个信息大爆炸时代，基于 P2P 行业投资者地域和人群分散性的特征，第三方舆论可以作为一个评判平台运营现状的重要指标。当第三方已经开始出现倒闭或者跑路言论时，那么对该平台需要立刻警觉起来，进行核实以及相关数据搜集，重新对该平台进行评判。

如 808 信贷，平台在 2015 年 10 月 17 日发布提现限制的公告，虽然事后采取了一系列催收和融资措施，但短时间内依然解决不了提现困难的现状。平台最新规定 2015 年 11 月的最高提现额度为 200 元，这对投资者来说无疑是杯水车薪，但对平台来说却压力甚大。且 808 信贷 CEO 在官网公告表示，最晚到 2016 年 6 月 808 信贷会恢复正常提现。而早在 2015 年 9 月就有第三方论坛言论爆出过 808 信贷大额提现慢且平台高息天标占比超过 70% 的言论。

（3）关联企业存在法律纠纷、与其合作机构出现倒闭不合规等现象

这两项指标属于关联机构出现问题波及平台的情况。该类指标的出现不一定是致命的，但是一定程度上很可能波及平台，甚至是较为严重的影响。

例如，最早爆出某平台由中源胜祥融资性担保公司进行担保的项目出现了坏账，中源胜祥公司由于超额担保已无力对该项目资金进行垫付，并和平台之间就项目赔付问题产生了法律纠纷，当时同时由该担保公司担保

的同类型平台虽然没有出现问题，但是在后续的几个月内诸如银豆网、银客理财等均纷纷出现了该担保公司担保的项目出问题的情况。因此，课题组将此两项指标列入预警类指标。

（4）平台实际控制人与平台担保公司同一人且平台仅有该家担保公司

该项指标实际上属于平台自担保嫌疑指标之一，即平台实际控制人与平台担保公司为同一人且平台仅此一家担保公司。但是不排除国资或者上市公司全资或者控股公司旗下担保公司为平台进行担保的情况，因此课题组将此项指标列入预警类指标，意在挖掘原因，并结合其他类型指标综合进行评判。

例如，和信贷的担保公司是和信丰泽投资担保有限公司，其前法人是平台的法人安晓博，且该平台仅此一家担保公司，无论是其高管团队关系还是与担保公司之间的关系都显示该平台存在较大的自担保嫌疑，可以作为平台风险的预警，因此课题组将此指标列入预警类指标。

（5）第三方机构紧急撤资、平台大户撤资、平台转型做其他业务、客服电话空号或联系不上

这四项指标之所以列入预警类指标是因为这些指标代表着平台出现明显的变动，变动意味着风险可能来临，因此，课题组将这些指标列入预警类指标。一旦这些指标出现，未投资弱背景平台可以直接不考虑投资；若为已投资平台，则需要紧急查找事件原因并跟踪。

（6）现金流连续四周为负、贷款余额大幅变动、新借款变动幅度过大

这三项指标是平台运营情况发生变动的重要反映状态。在 P2P 平台的运营中，反映资金状况主要集中在现金流、贷款余额、新借款三个指标。其中，现金流反映平台的资金流的健康程度；贷款余额反映平台的负债，是平台未来的资金压力的预测指标；新借款是平台的资金成长性指标。如果这些指标发生大幅变动，则表示平台大事件的发生或者平台运营出现状况。

以和信贷为例，2015 年 7 月上旬该平台现金流出现连续的负向流出，新借款下降、未来待还压力大。这些指标的表现都表明和信贷出现了较大

的负面事件，和信贷自 5 月开始宣传上市公司注资，6 月盛达矿业发布拟注资公告，但是工商信息迟迟没有变更。因此，运营数据是直观反映，可获得性也强，但是不具备直接判断可行性。因此，课题组将这些数据列入预警类指标。

3.2.4 BTOSE 指标

BTOSE 是 IFRM 指标体系的第二步，也是 IFRM 评价的最重要最深入的一部分。课题组根据投资价值内涵、特征、评价思想以及 P2P 企业的特征设定了定量评价的五大维度，分别为平台基础实力、平台运营实力、安全保障实力、信息透明度、用户体验感。各维度分别由数项二级指标组成，二级指标再由数项三级指标构成。通过一系列综合考察以及数据搜集的实践过程，最终确定 BTOSE 体系的五大维度，23 项二级指标，74 项三级指标。

3.2.4.1 平台基础实力

平台基础实力共 6 项二级指标，19 项三级指标。

表 3-2 　　　　　　　　　　　BTOSE 平台基础实力指标

一级指标	二级指标	三级指标	数据搜集指标
平台基础实力	成立条件	注册资本实力	注册资本
			实缴资本、实缴资本占比
		公司成立时长	注册时间
		股东稳定性	股东变更频率
	地理位置优劣势	注册地	注册地、注册地属性
		办公地	办公地、办公地属性、注册地与办公地相同
	股东实力	股东行业背景	是否有金融背景
			是否有互联网背景
		最大股东实力情况	最大股东注册资本
	公司高管层实力	高管人数	高管数量
		高管教育背景	高管平均学历
		高管从业经验	高管平均从业经验时间
		高管是否发生变动	近一年高管变动次数

一级指标	二级指标	三级指标	数据搜集指标
平台基础实力	融资背景实力	融资时间	A 轮融资时间、最后一轮融资时间
		融资实力情况	A 轮融资金额、已完成融资次数、总融资金额
	标的合理性	平台产品类型设置及布局的合理程度	产品业务是否单一、混合业务之间是否相关联
		平台平均单笔标的额的合理程度	同一类业务单笔标的平均金额、标的区间值
		平台标的数量的合理程度	平均每周发标量
		标的期限的合理程度	平台标的平均期限
		标的抵押物估值的合理程度	抵押物估值是否过高
		续标占比的合理程度	平台续标率

如表 3 - 2 所示，平台基础实力包括成立条件、地理位置优劣势、股东实力、公司高管层实力、融资背景实力、标的合理性 6 个方面。

（1）成立条件

成立条件是衡量平台基础实力的重要指标，也是影响投资人考评一个平台最直观的因素。切入的维度主要有注册资本实力、公司成立时长、股东稳定性。一般而言，平台的发展程度与注册资本实力、实缴资本占比、上线时长成正比关系，而与创始人变动程度成反比。

（2）地理位置优劣势

地理位置的优劣势决定了一家平台资源获取的便捷程度，从 P2P 网贷平台的分布范围不难看出其地域性倾向明显，而注册所在地、办公所在地以及注册办公是否在同一地是衡量平台当前运营与未来发展的重要依据，所以在考察地理位置时需重点关注两大内容：一是注册地与办公地是否在问题高发区或者三四线市县级城市；二是办公地与注册地不在同一地方等异常情况。

截至 2016 年 8 月 19 日，全国 1895 家问题平台的分布呈现明显的地域性，山东已成为行业公认的"重灾区"，其次为上海、浙江等地。位于山东省曲阜县的孔礼贷则纯属诈骗平台，上线不到一个月便跑路，网站打不开，客服群解散。位于四川省达州市的蜂窝创投，在 2015 年 11 月 10 日发布"关于蜂窝创投资金站岗的公告"，次日第三方论坛就爆出无法提现的消息。

而类似于惠众商务顾问（北京）有限公司旗下的汇盈金服，则属于办公地和注册地不在一处的异常情况。汇盈金服于 2013 年 12 月上线，注册地在北京，但其官网介绍其运营中心是在山东，从其发标记录也可看出业务基本集中在山东地区，包括青岛、烟台、临沂、日照、济南和潍坊等地。跟汇盈金服类似的还有丁丁贷，隶属公司为丁丁贷投资顾问（北京）有限公司，注册地同样在北京，但其房产、车产业务基本上都集中在济南、临沂、潍坊等地。

此外，市场上还存在办公地点造假的异常情况。如北京首例 P2P 跑路案"网金宝"，其对外公开的办公地址是摩码大厦 22 层，但经实地调查后却发现，该栋写字楼最高只有 20 层，并且在该写字楼内找不到任何此平台办公的痕迹。据悉，跑路前网金宝累计成交金额逾 2 亿元，单个投资者投资金额在数十万元以上的不在少数。

（3）股东实力

股东实力是衡量平台整体实力的重要考量指标，股东所处的行业实力背景和最大股东的实力情况均是隐藏在平台背后的重要指标。一般而言，股东所处的行业背景越是兼顾，其应对外来压力的能力越强；最大股东越有实力，平台的保障垫付机制就越充裕。要想了解股东实力，可通过全国企业信息系统了解平台背后的股东，包括自然人股东和法人股东，再深入剖析其所处行业的背景和权威度，了解其切入互联网金融的出发点是否有金融背景或互联网背景作支撑，最后通过分析平台最大股东的经济实力和技术实力，对平台股东实力作一个综合评估。

在考察股东实力时可重点关注三大内容：一是最大股东的实力情况能为平台增色不少，是投资人决策的重要依据；二是需要规避最大股东或者实际控制人的道德风险；三是可根据股东背景对平台实力进行初步定位。

以车贷汇为例，该平台的隶属公司深圳市汇银通金融信息服务有限公司，有邵旻、彭清、余晖 3 个自然人股东和浔商投资股份有限公司、曙光软件 2 个法人股东。深入剖析后发现，邵旻等 4 人控股曙光软件，而爱施德（截至 2016 年 8 月 19 日 10：23 总市值 185.89 亿元）的实际控制人黄绍武则是全球星投资管理有限公司（占股浔商投资股份有限公司 35% 的股权）的股东，于 2009 年因为实际控制的爱施德公司上市而首次荣登富豪榜，实力强劲。

此外，也有平台因最大股东/实际控制人发生道德风险而出问题的，如友友贷于 2015 年 11 月 20 日在官网上发布因实际控制人个人道德风险而导致整个平台暂停运营的公告。

最后，根据 P2P 网贷平台的股东背景，可将其大致分为国资、上市、风投和民营四大类。截至目前，跑路的国资系 P2P 网贷平台还没出现，但出现逾期的平台已经有国控小微（该平台属于"孙子辈"国资平台，且国资股份占比很少）；同比国资系平台，开鑫贷截至 2016 年 8 月 19 日的成交额为 210 亿元，处于国资系 P2P 网贷平台成交量第一的位置，开鑫贷标的大多数为建筑公司和资管公司的商业承兑汇票，安全性较高。上市系平台中也有优胜劣汰，其中不乏一些烧钱在所谓 Q 板或者 E 板挂牌上市来混淆视听的平台。近期就有网友爆出，"上市公司"宁波众银财富投资有限公司的老板失联，1000 多名投资者被卷走资金 1 亿元。据调查，该公司所谓的"上市"只是在上海股权托管交易中心挂牌，也就是我们平时提到的 Q 板（在区域性的股权交易市场进行股权流转）。其实这种挂牌的门槛是非常低的，只要是合法注册的公司，没有资质要求，不限营业，不限收入，不限规模，能提供营业执照、税务登记证明和公司的基本信息就可以完成，时间上慢的话一个月，快的话两三个星期。一般花 5 万到 7 万元就可走完整套流程。

（4）公司高管层实力

高管实力是衡量一个平台运营和管理的重要支柱，尤其是在互联网金融这个充满变数、承载创新的行业。该指标涉及的衡量维度包括高管人数、高管教育背景、高管从业经验以及高管是否发生变动等。常规来讲，高管的教育背景和从业经验与平台的发展是呈正相关关系的，其文化素质越高、业务能力和实操能力越强，就代表越能适应市场的变化发展，越能长远地支撑平台发展。此外，高管团队的稳定性也是衡量平台整体运营状况的重要指标。

在考察高管实力时需重点注意高管团队教育背景的真实性和从业经验的真实性，对高管层的频繁变动需抱有高度的警觉性。

以和信贷为例，该平台官网早期披露的高管团队有安晓博（创始人兼CEO）、石晗（总经理）、陈卫星（财务总监）、周敏（技术总监）、谭晙晖（产品总监）、付源（市场总监）、周歆明（运营总监）、侯领（合规总监）和赵俊卿（人力行政总监）。2015 年 5 月，有消息透露和信贷总经理石晗和总监侯领同时离职（当时和信贷还未正式对外发布这一消息，两人的简历仍然挂在官网团队介绍上）；2015 年 7 月，第三方平台爆出石晗已递交辞职申请；2015 年 9 月，和信贷官网上关于高管团队的信息披露全部撤销，转而换成了对各部门的介绍。而这期间恰好正值盛达矿业对和信贷的注资事项。2015 年 6 月，盛达矿业公司第八届董事会第五次会议和 2015年第二次临时股东大会审议通过了《关于公司收购和信贷部分股权并对其增资扩股的议案》，公司拟出资 27501 万元收购 P2P 互联网金融平台和信贷，将持有其 55% 的股权成为控股股东。然而在 2015 年 9 月 11 日，盛达矿业再次发布公告，宣布拟投资和信贷项目的金额由 27501 万元变更为2500 万元，变更后，将持有其 5% 的股权。公告同时指出，盛达矿业与和信贷就其运营管理等相关事项经多次磋商始终未能达成一致意见。为维持和信贷平台管理层的稳定性，同时基于对和信贷长期发展的考量，公司在全面评估收益和风险后，决定变更该项目投资金额。

此外，所有观测的信息都必须遵循真实性的原则。高管履历造假在P2P 网贷行业中是较为常见的问题，例如，南京易乾财富平台对外宣称的那些来自于斯坦福、纽约大学等国际名校的高才生高管其实是广告模特；

新新贷平台的市场与运营副总裁在工作年限和职位方面的公布上与实际情况有所出入；好乐易贷（2015 年 9 月发生提现困难并跑路）曾就其高管履历造假公开发表过一则道歉声明："由于事业部刚刚起步，为了快速提升知名度，对高管的学历进行了夸大，造成广大网友与投资人对我公司的质疑与恐慌，向广大网友与投资人表示深切道歉"。

由此可见，高管履历既是判断一个平台运营能力的重要指标，又是一个隐蔽性相对较强的指标，需要投资者客观、独立、严谨地进行判断，一旦发现有高管履历造假或高管大规模变动等异常情况，应引起高度警觉。

（5）融资背景实力

融资背景实力是考察一个平台内部运营实力和外部监管程度最直观的考量指标。一般而言，有强大的融资背景、有实力雄厚的公司作后盾，平台的运营会有一个比较好的保障。

考察融资背景实力时，需重点关注风投机构的实力、占股情况以及资金是否实际到位（很多前期宣称上市公司入股的平台在后期都没有实际落地），可通过全国企业信息系统查询相关的股权变更情况。

其实，风投系平台中是存在各种猫腻的。目前在中国较为活跃的大型风投机构有 IDG 资本、红杉资本、经纬中国和晨兴资本等，其中 IDG 资本投资的 P2P 网贷平台有网利宝、挖财网等，红杉资本投资的 P2P 网贷平台有拍拍贷等，这些 P2P 网贷平台的综合实力在行内都属于比较强的。但也存在一些平台利用所谓的风投来浑水摸鱼的情况，如 2015 年初跑路的上咸 BANK，该平台曾经爆出与济南华科创业投资企业签署合作协议，宣布引入其作为企业战略投资者。济南华科创业投资合伙企业（有限合伙）是在济南市高新区管委会的支持下成立的，以民营资本为主导、国有资本适度参与的创业投资企业，总规模 2.5 亿元，但该公司包括监事、董事在内，一共只有 5 个人在运作。通过查询全国企业信息系统发现，济南华科创业投资合伙企业（有限合伙）实际上是上咸 BANK 隶属公司——山东上咸投资有限公司的初始股东，但在 2014 年 4 月 2 日发生股权变更，从济南华科创业投资合伙企业（有限合伙）变更为济南华仓投资咨询有限公司，出资额没有任何变化，且双方实缴出资时间都是在 2014 年 2 月 19 日，根据上咸投资有限公司刘广福的话语，华仓是华科的执行公司。此外，上咸 BANK 和另外一个平台里外贷的实际控制人是同一个人，他们利用这两个平台在线上自融，然后将资金投资到自己的房地产项目，拆东墙补西墙。

此外，国湘资本曾经就其融资消息报道过两个投资方：中国黑钻资产管理有限公司和银来集团。前者基本可以确认为空壳公司，通过全国信用信息公示系统查询，只能找到一家名为"黑钻资产管理（上海）有限公司"的企业，且该企业的注册时间为 2015 年 3 月，与国湘资本 2014 年 10 月得到其融资的事实大相径庭。至于银来集团，在国湘资本一亿元融资的媒体报道（银来集团投资 1 亿元并占有国湘集团旗下公司银冠资产 51% 的股份）里，确实出现了银来集团董事长蒲晓东的身影。但在全国信用信息公示系统里，却始终查不到国湘资本股权变更的信息。曾经有投资者质疑国湘资本融资的真实性，针对这个问题，国湘资本在其论坛里用了一张银来集团给国湘资本的 2500 万元银行付款回单做了回应，以示清白。但细看该回单，却发现回单的附言中显示该笔款项属于"往来款"。从常理上来讲，股权投资必须要以"投资款"字样进入企业账户，往来款是指企业因发生供销产品、提供或接受劳务而形成的债权、债务关系的资金数额。也就是说，这笔款项不能认定为是银来集团因股权投资而发生的注资。

（6）标的合理性

标的合理性即平台业务的合理性，是考察平台风控的重要因素。它基于对平台所发标的真实性判断，用于审慎标的合理性。

考察一个平台的标的合理性，可以从以下几个方面入手：一是平台产品类型设置及布局的合理程度；二是平台平均单笔标的额的合理程度；三是平台标的数量的合理程度；四是标的期限的合理程度；五是标的抵押物估值的合理程度；六是续借标占比的合理程度。一般而言，期限错配、标的期限太长（信用标）、标的额度太高（房贷）、标的自担等都是考察的疑点。

抵押物的估值方面，以网利宝为例。网利宝有 7 项主营资产业务，包含了珠宝贷和艺术品。其中艺品贷编号为 YPD00076 的企业经营借款项目，一共已经发行 3 期（统计时间为 2015 年 11 月 26 日，最后一期于 2015 年 11 月 24 日融资完成），借款人为同一文化艺术投资企业，借款金额依次为 300 万元、300 万元、100 万元，质押物是叶光建（主要从事石雕创作）的《山川育翠》（云南绿石种，45cm×39cm 的规格），没有公示质押物的价值评估报告，且后面两次借款没有再新增质押物。如果把质押成数放在车贷等常规业务的七成范围（实际远远低于这个成数），且不算上该项目未来可能还有后续借款，网利宝对该质押物的估值至少已经达到了 1000 万元。而据业内人士透露，该项目质押的这类工艺品属于极小众市场，大多有价无市，变现能力差，也就是说，该项质押的实际意义不大，且质押价值也缺乏根据。此外，对比艺品贷编号为 YPD00077 的另一项企业经营借款可以发现，两个业务涉及的借款主体虽不一样，但平台公示的企业照片却是一致的。

标的自担方面，以抱财网为例。标的自担主要是指标的的担保主体和借款主体实际上是关联企业甚至是同一主体。抱财网平台的某担保贷产品，担保公司为荆州市科达商贸投资有限公司，但深入研究后发现，该标的的借款主体其实是湖北凯乐科技股份有限公司旗下的长沙好房子网络科技公司，而科达商贸恰巧就是凯乐科技的实际控制人。

续贷标方面，以 808 信贷为例。续贷，一方面能快速增加平台的成交量，构成资产端项目的重要来源之一（被业内认为是比较正常的项目来源，因为当平台不允许续贷时，借款人可以通过找小贷公司过桥还款，在一段时间后再向平台重新申请借款）；另一方面也对平台的风控提出了更高的要求，常规的做法是要求借款人在增加抵押物的同时将续借金额收缩一半，以确保当借款人无力还款时，平台能快速变现抵押物，且不影响投资者本息。如果一个平台的续贷标的占比很大，则意味着该平台借款人的还款能力不强，平台兑现压力大。2015 年 10 月 17 日，808 信贷发布限制提现公告，表示近期因平台的几笔大额借款逾期，导致平台部分投资人提现出现延迟；同年 11

月 8 日发布特殊时期提现方案；同年 11 月 15 日发布特殊时期提现方案（补充方案），宣布 11 月的最高额特别提现额度为 200 元。

根据 808 信贷于 2015 年 10 月 16 日在其官网发布的财务公告，可以发现平台房贷标的占比极大，500 万元以上的大额房产抵押标的金额高达 1.74 亿元；且逾期本金 4464 万元，涉及 4 个房产抵押借款人。

从平台公布的数据来看，执行本息和借款本金之间的差额比较大。通过查询 808 信贷平台借款协议书中关于逾期还款的相关内容，在不考虑催收费用的情况下，可计算出列表中四项借款的逾期天数依次为 86 天、96 天、102 天、99 天。一方面这与 808 信贷平台在其官网"借贷规则"里提到的车易兑、票速兑、银贷兑、优资兑和信用兑等产品的安全保障不符合（若借款人到期还款出现困难，逾期第 2 个工作日即由 808 信贷网站垫付本金和利息进行还款，债权转让为 808 信贷网站所有）；另一方面也与网站"投资安全"部分里提到的 VIP 会员投资者 100% 本息保障内容不符。

通过对平台标的信息的进一步考察发现，2015 年 8 月发布的几个房贷标的，其公示信息里相关房产的他项权证登记日期都发生于 2012 年，他项权利人为林国庆，借款人的借款期数已达到一百多期，待还 47 ~ 66 期不等（按月还款）。也就是说，这些借款人在平台既是"老客户"，也是"大户"（标的平均借款期限为 4 个月，单笔借款需拆分为数十个方能产生五六十期的待还期数）。此外，编号为 0009837 的借款人与平台公布的逾期借款人在用户名与借款金额上存在相似性，出于借款人资料的隐私保护，暂不能断定二者为同一人。但却有理由怀疑这个项目的借款人是从 2012 年就开始借款，用借新还旧的方式在 808 信贷平台续贷至今，直到发生了无法挽回的情况，由平台公示逾期。

总的来说，808 信贷平台的标的类型非常集中，金额较大，且存在续贷嫌疑。当其房产抵押标的发生大规模逾期后，虽然平台在短时间内就发布了限制提现公告，上线了债权转让功能并进行了连续两次的投资人入股程序，且公司和个人也在进行多种渠道的融资，但依然无法逃脱挤兑风险，解决不了投资人的提现问题。类似的平台还有温商贷，其业务全部集中于房贷，并且期限较长金额较大。拆标前一般都是几千万元的标的，期限 1 个月、3 个月、6 个月、12 个月不等，业务风险较高。

平台关于标的合理性的控制关涉其核心的风险管理能力，是投资者需要重点考察的指标。

3.2.4.2 平台运营实力

平台运营实力主要评价的是平台的运营情况及潜力，包括平台活跃度和规模、风险分散性、逾期和坏账情况、资金留存情况、流动性实力、财务及收益状况、其他七项指标。其指标体系如表 3 - 3 所示。

表 3 - 3 BTOSE 运营实力指标

一级指标	二级指标	三级指标	数据搜集指标
平台运营实力	平台活跃度和规模	贷款余额	近四周平均贷款余额数
		投资人数	上月新增投资人数
		借款人数	上月新增借款人数
		注册人数	注册总人数
	风险分散性	投资分散性	前十名投资占比数
		借款分散性	前十名借款占比数
	逾期和坏账情况	借款逾期率	平台借款人逾期率、标的借款逾期率
		平台坏账率	平台坏账率
		逾期标的平均逾期周期	逾期标的平均逾期周期（天）
		抵押物处置能力	抵押物处置完成所需平均时间
	资金留存情况	标的平均满标时间	近四周标的平均满标时间
		发标充盈率	平台近四周日均发标金额、日均发标数量
	流动性实力	投资人资金流动性	有无净值标、有无债权转让机制
			净值标可操作性、债权转让机制可操作性
		平台自身流动性	近四周现金流
	财务及收益状况	平台盈利情况	所属公司上期末的资产负债率
		平台市场投入情况	所属公司市场费用占比
		平台的技术投入情况	所属公司技术投入占比
	其他	平台上线运营时长	平台上线时间
		平台 ALEXA 排名	平台 ALEXA 排名

（1）平台活跃度和规模

在考察一个平台时，平台的活跃度和规模是审查的第一要素。一般可从贷款余额、投资人数、借款人数、注册人数等方面进行突破。贷款余额即目前平台操控的盘子，应与平台具体业务、借款期限相挂钩，它与平台的运营都是衡量平台待收余额的重要考量指标。注册人数和投资人数可一起考察，其中转换率（注册转变为投资）是平台运营考量的重要指标，复投率（二次投资）是考量平台安全的重要维度，两者皆可通过长时间观测平台标的的投标情况来证明平台的投资人数是否有马甲嫌疑。而借款人数需分不同业务类型去判别，如果平台借款集中于几个人或企业，则表明该平台借款集中度过高，一旦出险，危机很大。

以贷款余额为例，它是大多数平台都会披露的一项数据，若平台运营正常，该数据指标应呈现一种较平稳的走势。如果平台待收短期内连续上升幅度大，可能意味着项目回款出现了问题，投资者需引起警觉；如果平台待收大幅缩减，则说明平台有可能在减少新项目的扩张或者新项目的开展受到阻碍。换言之，平台运营有可能在进行业务调整，也有可能是运营上出现了问题。

（2）风险分散性

不将所有的鸡蛋放在同一个篮子里是风险分散的最形象反映。风险分散性的考核维度分为投资分散性和借款分散性两个细分指标。若平台绝大部分的资金来源集中在少数几个客户手中，对平台的资金流动风险是相当大的；若平台绝大部分的标的项目来源集中在少数几个借款人手中，对平台的资产端来说，风险是相当大的。

投资分散性要注意平台的马甲；借款分散性要注意借款集中度，如果前几名借款人占比超过50%，应引起投资人高度注意。

（3）逾期和坏账情况

借款人逾期，是指借款人在承诺的还本付息日，没有按约定履行还本付息的义务而造成的债务延期，可分为客观（无能力及时偿还）和主观

（恶意延期）两种情况。一般 P2P 网贷平台都有相应的逾期标准和逾期制度，常规上主要分为 M1（逾期 15 天以下）、M2（逾期 15～30 天）、M3（逾期 30 天以上）三种类型（各个 P2P 网贷平台逾期标准不一致）。

坏账是在逾期的基础上形成的。经过相关的催收等资产处置工作之后，仍然无法实现对债权人的还本付息，且在今后一段时间内也无法产生还本付息的现实可能，这样的债务就称为坏账。

一般而言，真实逾期和坏账的情况是比较难获得的。一些信息透明的 P2P 网贷平台会在运营报告、年度报告中进行披露，但其准确度有待考察。在观测该指标时需要特别注意的是除了在绝对值上观测平台的逾期坏账金额，还要在相对值上观测逾期坏账比例。此外，还可结合用户体验、平台催收能力、平台安全保障规则等指标综合进行考察。

以采用纯线上信用借款为模式的拍拍贷为例。拍拍贷是中国第一家 P2P 网贷平台，也是第一家获得了 ABC 三轮融资的平台。运营至今，拍拍贷已拥有广大的客户群体，平台公布的运营数据也是光彩华丽。然而在众多 P2P 投资者聚集地的网贷之家论坛里，却经常看到投资者因拍拍贷大量的逾期坏账情况而对之心寒，甚至有老投资人想要转化为借款人把本钱"黑回来"的说法。

众所周知，拍拍贷效仿的是美国 Lending Club 的纯线上信用模式，对借款人进行审核，逾期时辅助催收，不垫付本息。从理论上来讲，这是 P2P 借贷的真实本质，也是未来的潮流。但就当前环境而言，保本依然是国内的主流模式，也是符合现实的合理模式。这是因为，目前国内尚未建立像美国一样完善的征信体系，平台很难准确地对借款端资产的信用进行判断，再加上拍拍贷 2015 年第三季度运营报告中呈现的"90"后主流借款群体和巨大的交易规模，不难推测拍拍贷资产端的质量是不高的，再加上平台不保本，催收能力差，投资者出现类似前文那样的言论也实属正常。

（4）资金留存情况

资金留存情况主要通过标的平均满标时间和发标充盈率共同反映。平均满标时间可以反映平台当前的人气情况，是衡量一个平台是否特别受投资人欢迎的佐证，建议投资人不要碰平均满标时间长过 10 天的平台。发标充盈率衡量的是平台的发标数量和发标金额，一方面可以体现平台标的资产端的来源渠道和运营能力，另一方面也可以衡量投资者的资金流动性情况。一般而言，满标时间越快，发标充盈率越高，平台越有活力，投资者资金留存率越低（能更快地投资出去转动起来）。

在观测该指标时一方面要关注满标时间很长人气很低的情况，另一方面需要重点关注发标金额和发标数量的异常情况，具体可从以下三个方面考察：横向综合对比平台其他运营数据，观察其逻辑一致性；纵向对比前后数据，当发标金额大大超过或低于其正常水平时，需追查发标的真假性；纵向对比前后数据，当发标数量大大超过或低于正常水平时，需关注标的的期限错配问题。

易融恒信在 2016 年 7 月日均发标 7.68 笔（有适量拆标，大部分为当日拆当日发，未发现拆标期限情况），日均发标金额 85.1 万元，单笔平均发标金额 11.08 万元。综合平台 2015 年运营年报发布的数据——自 2013 年 11 月上线以来，易融恒信累计交易额达到 7.9 亿元，截至 2015 年底，单笔标的平均金额 7.89 万元，平均借款期限 7.44 个月，坏账率 0.36%，逾期率 0.1%。可以推断，该平台的运营情况比较稳定。此外，易融恒信的满标时间比较短，尤其是近一个多月，基本为瞬间满标。

若单纯从指标考虑，该平台的发标情况稳定、充盈（相对其他平台而言，易融恒信的发标量和发标金额都属正常范围），投资者资金留存率低。然而，事实上易融恒信的资金站岗问题非常严重，抢标困难，虽然有自动投标的功能设置，但自动投标的结果并不尽如人意，平均抢标时间在一周以上，甚至有一个多月的情况，用户体验不好。分析这个现象，不能单纯地考量满标时间和发标充盈率，还需要结合平台运营的现状和投资人的投资热度。据了解，该平台新老投资者的投资热度较高，抢标需求大，在投资群体扩大的情况下不是仅靠公司稳定的运营规模和发标量就跟得上的。

我们再来看看发标异常的情况。据统计，截至 2015 年 5 月底出现的 600 多家问题平台中有近半涉及假标问题。发假标并非瞬间行为，往往可以通过发标充盈率指标显现端倪。如湖南平台银达金融，于 2015 年 5 月 5 日发布因业务量不足导致暂停发标的公告，其他业务正常进行。紧接着在 2015 年 5 月 12 日发布标的严重逾期和平台变现处理公告，向投资者公示提现安排。根据该平台最新的官网信息，可发现网站已从银达金融改名成金淘在线，历史标的名依然为银达金融；时隔几个月后于 11 月 2 日重新发测试标，但之前的逾期并未处理完；最后一期正常标的发布时间为 3 月 20 日，是利率为 20% 的 1 月标（意味着 4 月就应该还款）。而平台是于 5 月 5 日先发布暂停发标公告，5 月 12 日才发布逾期公告。

总的来说，发标数量和发标金额的异常都要引起注意，它们极有可能是风险的"晴雨表"。

（5）流动性实力

流动性实力可以从投资人资金流动性和平台自身流动性两个维度进行衡量。投资人资金流动性可以从有无净值标、有无债权转让、提现的额度、提现到账的时间等方面考量，考察该指标时需着重注意平台是否有债权转让体系，如果有债权转让，则要分辨清楚平台债权转让的条件。例如，部分平台需要持有债权 18 个月以上方能进行债权转让，其实跟没有债权转让没有太大区别；而平台自身的流动性可从平台近期现金流（新借款－待收款）走势推出，它是关系平台运营能否持续维系的关键，如果现金流持续为负，应是危险预警信号，需要重点关注。

（6）财务及收益状况

P2P 网贷平台作为市场经济的一部分，利润最大化始终是它生存与发展的根本目的，而财务及收益状况主要反映了平台的盈利水平，想知道一家平台经营状况的好坏、盈利水平的高低以及外来投资资金的落实情况，无一不需要从其财务及收益状况的指标上进行把握判断。

除了上市公司背景的平台可以通过上市公司年报、半年报、季报查到公司的财务状况之外，其他的平台财务数据很难通过线上调研的方式得到，需要通过线下 O2O 尽调方式得到。因此，本项数据基本以线下 O2O 尽调数据为准。

3.2.4.3 安全保障实力

安全保障实力主要评价的是平台给投资人提供的投资保障以及平台资金保障等方面的情况以及潜力。包括风险准备金保障实力、担保保障实力、资金托管程度、IT 技术四大指标。其指标如表 3 - 4 所示。

表 3 - 4   BTOSE 安全保障实力指标

一级指标	二级指标	三级指标	数据搜集指标
安全保障实力	风险准备金保障实力	有无风险准备金	风险准备金金额
			风险准备金是否可查
		风险准备金托管方式及托管机构	风险准备金托管方式
		风险准备金覆盖程度	风险准备金覆盖率
		风险准备金赔付机制	风险准备金赔付比例、赔付启动时间
	担保保障实力	担保覆盖程度	担保覆盖率
		担保公司资本实力	平台的担保公司平均注册资本额
		担保公司法人、股东等背景实力	担保公司的法人股东是否有金融和互联网背景
		担保公司与平台关系的合理程度	担保公司与平台关系所属类别
		担保公司的信息披露力度	是否可查担保公司详情
		担保机构的历史舆情	担保机构的有无失信记录
	资金托管程度	资金托管方式	选项：银行、第三方、无
	IT 技术	技术研发能力	技术研发人数占比
		信息安全漏洞出现后的处置应对能力	是否有信息安全漏洞出现后的处置应对能力
		服务器等硬件实力	是否用独立服务器

通过实践经验，课题组认为对于没有背景的 P2P 企业而言，P2P 企业如果集聚了较好的风险保证金、担保保障、资金托管保障、IT 技术四大方

面的风险管理实力，那么这家 P2P 企业的安全保障实力是比较强大的。

（1）风险准备金保障实力

风险保障金是由平台设立的专为标的逾期时向投资人垫付的资金来源，可作为衡量平台承担风险能力的重要指标之一。当然，风险保障金账户必须结合平台的资产规模和资产类型综合考量。

风险准备金保障实力指标下设了风险准备金是否可查、风险准备金托管方式、风险准备金覆盖程度、风险准备金赔付机制 4 大指标。

构成风险保障金的资金来源有多种方式，一般可分为以下几种：平台自有资金、服务费（借款人、投资人）计提、成交额计提、担保公司按比例计提等。其保存方式也可分为银行存款的一般账户、第三方支付存管和银行存管等形式，其中最有效的是银行存管，直接由银行控制账户资金的进出。若平台用自有资金作为风险保障金，并存于银行的一般账户，那么可能会出现平台抽离账户部分资金挪作他用的情况，如购买理财产品用于保值等。风险保障金的保障方式根据各平台规则的不同而有所不同，需要仔细阅读平台的相关条款。

在考察风险保障金时需要重点关注不同平台的风险保障金规则和资金的保存方式，可通过纵向对比保障金每月的资金变化测量平台的逾期坏账情况。

以新新贷为例，自 2014 年 6 月 1 日开始，该平台的风险保障金由中国光大银行进行托管，银行每月会出具资金托管报告。根据 2016 年 7 月中国光大银行上海分行出具的托管报告，截至 2016 年 7 月，新新贷的风险保障金余额为 3911.01 万元，比上期增加 2.95 万元。该平台风险保障金的来源主要分为两大块：一是为借款人提供服务时所收取的服务费，二是为借款人划付资金时暂时冻结的风险金（在债权还款末期，当借款人符合平台约定的要求时该笔风险金方能解冻）。此外，据客服人员反映，新新贷平台是不触碰资金的，当出现逾期时由银行直接打款。该平台目前待收 6 亿元左右，拨备覆盖率在 6% 左右，根据新新贷平台以小微企业信贷为主的业务类型（借款金额集中在 10 万 ~ 100 万元，较为分散），其风险准备金拨备覆盖率处于正常水平。

而像城城理财，其 5000 万元的风险垫付准备金来源于主体公司浙优资本的自有现金，当借款方发生逾期且第三方保付机构没有在约定时间内足额赔付时，浙优资本会在三日内直接垫付并完成债权转移。风险垫付准备金的公示方式是每月由兴业银行出具一份资金信息证明。此外，城城理财在其官网公示：该准备金是自有现金资产，平时还被用做银行配套低风险业务以增加公司的盈利水平，不等同于风险保证金。也就是说，该风险垫付准备金平常还会被用于购买理财产品。

再如银客理财和花果金融，其风险保障金主要来源于担保机构。具体而言，银客理财的风控保证金是担保机构或核心企业按照其担保债权总金额的一定比例进行缴纳的，由第三方机构进行监管，在融资方及担保方未能及时履行债务偿还义务的情况下，银客理财将启用风控保证金进行代偿。花果金融的风险保障金是由其合作的担保机构在设定的共同托管账户里存放一定比例的资金，该金额会随着其与花果金融业务规模的变化而不断得到补充，当债权发生逾期时，风险保证金账户资金会自动代偿。

（2）担保保障实力

平台与担保公司的合作有两种形式，一种是平台标的来源于担保机构推荐，底层风控由担保公司负责；另一种是平台自己开发资产端，引入担保机构为标的增信。担保公司的风控实力会直接影响资产端质量，担保公司风控实力越强，对资产端控制越严格，项目风险系数越低。平台在与担保公司合作时的准入门槛，风险保证金计提比例，对担保公司的跟踪及控制条款，授信额度都是对担保公司实力和平台风险控制的关键点。

该指标具体需要考察的内容有平台的合作担保机构、单个标的的合作担保机构、担保机构的类型、担保机构股东的背景实力、担保机构是否有失信被执行记录、是否存在超额担保和重复担保等违规担保行为、主要涉及哪些领域的项目担保等。

以中源盛祥融资性担保公司为例，其为银豆网、银客理财、爱投资、爱钱帮等多家 P2P 网贷平台担保，由于超额担保致使其接连出现无法兑现项目垫付事宜，从而出现多起纠纷，P2P 网贷平台的运营也连续出现危机。

（3）资金托管程度

第三方资金托管可以有效避免平台直接接触投资者资金，是 P2P 网贷平台规范发展的一个要求，央行也明确表示过 P2P 网贷平台应当建立第三方资金托管机制。该指标需要考量资金托管的程度、资金托管的合作机构及实力、托管的真实性。

具体而言，平台爱钱帮采取的是银行级的资金存管，合作机构是微商银行，之前主要与汇付天下合作。此外，在银行级的资金存管合作关系中，目前合作意愿比较强烈的银行有民生银行和兴业银行；财富你好（Hello Money）采取的是第三方非银行机构的资金托管方式，与易宝支付达成了合作，投资者每次投标都需要授权。此外，当前的第三方非银行机构中，汇付天下相对做得比较成熟；平台玖融网采取的是第三方支付渠道，如与连连支付合作，但并没有实质性的第三方资金托管。

（4）IT 技术

IT 技术主要用来衡量平台的技术团队实力和用户信息、资金的安全程度，可通过平台的更新频率进行考量。一般来讲，实力较强的 P2P 网贷平台多有自己的 IT 团队，平台网站会有网页版、WAP 版及手机 APP 版；也有部分 P2P 平台会从外面购买模板。对 P2P 企业的 IT 技术安全保障实力指标具体包括软件研发实力、平台 IT 硬件实力、信息安全漏洞出现后的处置能力。

软件方面我们主要搜集的是页面友好程度、系统稳定性（是否经常出现无法访问的情况）、是否有手机 APP、功能是否完善、网站改版频率等。信息安全漏洞可以通过舆情数据搜集来了解，硬件实力通过 O2O 线下调研来了解。

这里我们通过几个平台的对比来侧面了解 IT 技术在 P2P 行业投资中的作用。

财富你好（Hello Money）官网是由自有技术团队自主开发的，界面比较友好，用户体验不错；钱内助官网购买的是融都科技开发的模板。此外，花果金融官网更新的频率较慢，而拍拍贷、好贷网、e 速贷、通融易贷、快速贷、融易贷、融信网、银实贷和紫枫信贷等平台，均被黑客攻击过，严重威胁了用户信息的安全，一旦投资者形成恐慌发生挤兑，对平台而言也会是致命性的打击。

3.2.4.4   信息透明度

信息透明度主要评价的是平台本身和信息的公开情况，主要包括平台标的信息公开程度、平台管理信息公开程度以及外部监管力度等。其具体指标如表 3 - 5 所示。

表 3 - 5   BTOSE 信息透明度指标

一级指标	二级指标	三级指标	数据搜集指标
信息透明度	平台标的信息公开程度	标的详情公开程度	标的资料信息是否齐全（全部、部分、仅仅简单资料）
		历史交易明细可追溯程度	历史交易明细可追溯（全部、部分）
		逾期黑名单公开程度	是否有平台借款人逾期名单
	平台管理信息公开程度	运营团队	是否公布运营团队
			高管是否参与真实管理
			运营团队是否有金融背景
			运营团队是否有风控背景
			运营团队是否有互联网背景
			运营团队平均从业年限
			运营团队平均学历
		论坛公开信息披露	平台是否有论坛
		年报或季报信息披露情况	平台逾期率和坏账率是否公布
			平台运营数据是否公布
	外部监管力度	所获风投监管情况	是否有风投或资本（包括母公司）监管
		投监会监管情况	是否有投监会监管
		政府监管情况	是否紧跟政府监管步伐
		实名认证情况	是否实名认证
		NFCS 合作情况	是否与 NFCS 合作

（1）平台标的信息公开程度

平台标的信息公开程度衡量的是平台在标的详情披露方面的详尽程度、历史发标记录的可追溯程度及借款人黑名单的公示情况。一般而言，标的信息如果详尽，不仅可以在一定程度上避免平台发假标的情况，还可帮助投资人把握标的风险点、了解平台的风控实力。

标的信息公开程度的评估主要包括标的详情公开、历史交易明细追溯、逾期黑名单的公布等。

在考察该指标时，需要重点注意不同的资产类别有不同的关键信息披露要求，例如，抵押类资产需要披露抵押物登记情况和抵押物评估信息；担保类资产需要重点披露担保公司的担保函及相关法律协议。

民民贷，不仅公示了标的的相关信息，还披露了具体的风控流程，属于信息披露做得比较好的平台。玖融网、一起好，不仅对借款人的历史借款情况进行了披露，也披露了逾期黑名单，为行业的征信作出了一定贡献。而友贷网则属于信息披露做得比较差的平台，一方面标的详情里公布的照片很模糊，且缺乏抵押物的照片和评估价格，没有担保函也没有借款合同。

再如 365 金融，很多投资人都去过平台现场进行考察，感觉相当不错，规模较大，平台用心做事。但最后这个平台却雷了，并且算是年内比较大的"雷"。通过对 365 金融标的详情公示情况的细查，发现该平台所发标的根本没有任何审核资料，且多为续借标，完全有理由怀疑该平台有发假标自融的嫌疑；之后就此问题跟客服沟通时，客服的说法是其他平台的审核资料也都打了马赛克，有和没有差别不大；当要求客服发一份线下标的审核资料时，客服并未直接回答，并转移了话题。

此外，标的信息公开程度较高的 P2P 网贷平台一般可以追溯到平台上线时的历史交易明细，而有的平台则只能追溯到近几个月或者近一个月的交易明细，很显然，历史交易明细公布时间能追溯到得越远，其该指标的公开程度越高。

逾期黑名单的公布除可以体现平台的透明度之外，还可以体现平台自身的风险管理实力，是平台标的信息公开程度判别的重要指标之一。

（2）平台管理信息公开程度

平台管理信息公开程度通过平台管理团队实力、平台运营数据的披露程度和平台论坛的公开程度来判别。其中管理团队实力是决定平台发展的关键，可从管理团队的专业、从业经验、从业年限、涉及领域、配置结构、真实参与运营程度和稳定性进行考量；而平台运营数据和论坛信息则可以帮助投资人从多个角度去了解平台。

平台管理信息公开程度除体现平台的信息透明度之外，还是平台运营管理能力的重要体现，是平台持续经营的基础。在观测该指标时需重点关注平台管理团队的变化以及运营报告数据对关键信息是否有披露。前文的高管实力内容已对管理团队方面做了较为详细的介绍，这里不再赘述。至于运营报告，很多平台会在官网公告里进行公示，有按月的，也有按季度的。一般会披露注册人数、投资人数、交易规模、为用户赚取的收益、借款标的等相关数据，为投资者展示平台较为良好的发展状况。此外也会对投资人群体进行细分，从不同角度趣味性地展现平台的用户群体。当然，对关涉平台实质上的盈利状况和坏账逾期催收等数据，运营报告中是少有提及的。

以团贷网2016年7月的运营报告为例，报告公示了平台该月的逾期率为1.16%，但该月实际待收没有公布，投资者可以通过第三方平台查找相关数据推测当月的逾期总金额。此外，关于平台催收方面的成果以及财务的相关情况，运营报告都未给予公示。

（3）外部监管力度

外部监管力度主要是指与平台无直接联系的第三方机构对平台的监管情况，如政府、风投机构、投监会等机构对平台的外部监管，此外平台账户验证是否被接入公安系统、平台是否加入 NFCS 网络金融征信系统也被引入到平台的外部监管系统。对于第三方机构的外部监管要了解具体的监管形式，判断监管的有效性。有效的外部监管能控制平台的道德风险，避免方向性错误。

在观测该指标时需要重点关注风投信息的真实性，目前业内在这方面存在很多虚假信息，有可能因为协商不成功导致最后不了了之，也有可能是纯粹的虚假信息或者炒作。

在众多平台中，城城理财的外部监管形式是风投机构派驻人员直接参与公司管理；e理财采取的是设立投监会，由投监会委托第三方独立律师机构以抽查的形式对项目进行复核，类似的还有民民贷，由投监会不定期地到平台抽查标的进行考察；武汉的六家平台（一起好、长投在线、玖融网、易融恒信、小富金融和鑫华士）则是在市人民政府的指导和扶持下联合成立了一个本土常青盟组织，虽然实质性的监管尚未出台，但已经设立了 1200 万元的互助金（各成员单位各出 200 万元），用于应对平台流动性风险，资金使用需经过六家平台共同签字。

但是有无投监会只是外部监管的一个指标，并不意味着有投监会就高枕无忧了，就像禾友创投，于 2015 年 6 月设立投监会，却在 7 月宣布了限制提现的公告。

此外，风投资本的真实性和风投是否真正落实也是需要重点注意的地方。前文提到的上咸 BANK 案例中，华科其实是平台的创始股东，并非后入风投，且在第三方舆情中也充斥着华科是皮包公司的说法。还有，2015 年 4 月 13 日，熊猫烟花公告称拟通过现金的方式收购严定贵所持有的你我贷 51% 的股权。但熊猫金控在和你我贷签订股权转让协议后，再未公布具体进展，后来你我贷在其官网发布消息，宣称拟终止该资产重组，你我贷牵手熊猫事宜最终夭折。

其实，关于平台与风投或上市公司牵手事项，早期公布后期夭折的例子数不胜数，甚至所谓的风投可能从头到尾都是假的，如前文提到的国湘资本亿元风投注资等。

3.2.4.5 用户体验感

用户体验感主要评价的是用户体验方面的情况，包括平台体验满意度、收益满意度以及社会舆情等，其具体指标如表3－6所示。

表3－6 　　　　　　　　　　BTOSE 用户体验感指标

一级指标	二级指标	三级指标	数据搜集指标
用户 体验感	平台体验 满意度	平台操作便捷度	一整套注册、充值、投资、提现等流程操作下 来的平均时间
		充值便捷度	可否多渠道充值、到账时间
		提现便捷度	提现到账时间
		有无移动端	有无移动端
		网站公告及时性	网站公告频率
		客服的服务态度	是否有关于客服服务态度负面消息
		处理问题效率	反馈问题得到处理的平均时间
		是否有在线交流系统	是否有在线交流系统
	收益满意度	平台利率水平	平台利率水平
		投资人交易费用	是否收取利息管理费，费用高低程度
	社会舆情	负面报道	负面报道占其新闻搜索词条的占比

从表3－6可以看出，用户体验感主要是对平台的体验感、收益的满意度和舆情的引导三个方面进行衡量，其中平台体验满意度主要包括平台操作便捷度、充值便捷度、提现便捷度、有无移动端、网站公告及时性、客服的服务态度、处理问题效率和是否有在线交流系统等内容，收益满意度主要包括平台利率水平和投资人交易费用；社会舆情主要分正面消息和负面消息。

对投资者来说，在平台众多缺乏监管的 P2P 网贷行业，是不缺投资渠道的，但却缺乏优良的投资渠道。一个平台能否留住投资者，关键在于投资人的用户体验感，而其中最重要的因素当属平台利率水平的高低和安全程度，其次才是平台的操作体验和舆情导论。

3.2.5 O2O 加分指标

IFRM 风险控制系统是一个线上与线下相结合的综合评价体系，线上风控是网贷基金评价一个平台风险程度的首要过程，线下 O2O 调查则是对线上风控程序的补充与矫正。BTOSE 指标体系中部分指标数据需要通过 O2O 线下调研获得，因此 O2O 线下调研的情况基本上已经通过 BTOSE 指标体系反映出来，这里的 O2O 加分项是指线下调研组完成该平台的线下调研之后对该平台的整体感觉，这部分调分的分值范围比重不会特别大。

表 3－7   投资价值 O2O 加分指标体系

目标	项目	评分结果	分值区间
O2O 调分	基本信息及管理团队真实性		(0, 5)
	项目真实性		(0, 5)
	财务状况		(0, 5)
	运营实力		(0, 5)

IFRM 评价系统 O2O 线下调研的极大模块包括基本信息及管理团队真实性考察、运营实力考察、项目真实性考察、财务状况考察等内容。

以千和投为例，星火钱包通过线下调查发现其国资背景属实，但运营实力比线上反映出来的更加不尽如人意，再加上该平台长时间内只有一个企业进行借款，其标的和运营情况除反映在 BTOSE 中标的合理性、标的信息公开程度等多项指标之外，O2O 线下调研的整体情况需要给予评估，也就是以上这个 O2O 加分指标体系。再如玖融网，线上评分较一般，但星火钱包通过线下调研后核实了其基本信息和项目的真实性，并且发现平台的运营情况较好，这些调研情况除了反映在 BTOSE 的相关指标之外，还需要对整体的 O2O 调研情况进行一个评估。

3.2.6 DW 指标

DW 指标体系主要作用于 P2P 企业的动态监测，对于异常情况进行实时监测，是 IFRM 系统能够成为动态生态系统的重要组成部分。其具体评价指标基本已经包含于 BTOSE 定量指标体系中，因此，DW 指标具体不需要用于 BTOSE 的评价和评级，它仅仅作用于 P2P 企业的动态监测，主要包括两方面：大数据分析监测和舆情分析监测，每一项基础分值为 0，累计变动分数到一定程度可能触发重新评价的机制。

表 3-8 DW 动态监测指标体系

目标	一级指标	二级指标	调分	备注
动态监测调分	大数据分析监测	现金流变化		(-10, 10)
		成交量变化		(-10, 10)
		新借款和未来待收数据变化		(-10, 10)
		借款人数和投资人数变化		(-10, 10)
		满标时间变化		(-10, 10)
		利率变化		(-10, 10)
		标的金额变化		(-10, 10)
	舆情分析监测	投资人反馈		(-10, 10)
		平台或背景企业的媒体及其他渠道新闻动态		(-10, 10)
		机构投资者对该平台投资动态		(-10, 10)

DW 动态监测包括两方面，分别为大数据分析监测和舆情分析监测。大数据分析监测可以通过计算机程序自动实现，舆情分析监测在计算机监测的基础上还需要通过人工进行实时跟踪和数据录入处理。

3.3 IFRM 指标体系数据筛选和处理

通过"评价法"的方法，课题组建立了完整的"递进式"投资价值评价指标体系，即 IFRM 体系，包括 FOW、BTOSE 和 O2O、DW 三大模块。并且针对不同背景、不同业务逻辑，BTOSE 和 O2O 模块中存在某些特殊类别的指标体系。那么，面对这些指标，我们如何进行数据的获取、筛选和处理呢？

在我们的投资价值评价模型中，IFRM 评价体系不仅仅是一个体系，还是一个动态评价的生态系统。系统中有两个重要元素，一是指标，二是数据。课题组现在所建设的这个生态系统的数据获取途径仍然采用计算机和人工处理相结合、线上和线下相结合的方式。

3.3.1　计算机程序数据获取和处理

本课题组致力于建立 P2P 投资价值评价的生态系统，数据库将逐步扩大，数据处理需求不断加大，采用计算机程序进行数据获取和处理是必然趋势。然而由于当前行业，包括整个 P2P 评级，均没有建立起统一的标准，数据自动定量化转换方式难度较大，因此系统中通过计算机程序获取的数据指标有限，主要为平台的运营指标数据，包括平台贷款余额、投资人数、借款人数、注册人数、新借款、满标时间、利率、标的金额等指标，此外，还包括部分易获取和量化的舆情指标，媒体报道平台的频率（负面关键字和正面关键字）、第三方或者机构投资者对该平台的投资数量及变化情况等。

以上这些指标，课题组通过计算机程序直接获取并接入动态数据库，直接进行分析和判别输出。这部分指标除了给予 BTOSE 评价部分数据支持之外，更多的作用主要是 DW 动态预警，作为生态系统中指标改进和评级变动的触发点，也是系统自动完善的关键环节。

当然，课题组的计算机技术人员也在持续改进数据库数据自动获取和处理程序，未来通过计算机自动获取的数据范围也将扩大。

3.3.2　平台的线上投资价值评价数据搜集和处理

IFRM 体系中的指标是在几百个全面数据中通过"模糊综合评价法"的方式精选出来的，除了上述计算机程序可以获取的数据之外，其他的大部分数据需要人工从各种渠道去获取数据，尤其是定性的数据，需要人工录入数据库，再通过计算机定量化程序进行数据的定性到定量的转化。

这些数据主要包括平台的基本信息，平台的相关人员、企业和合作机构等信息，平台的标的信息，平台的外部监管信息，舆情信息等。数据搜索途径主要是平台官方网站、第三方网站和论坛 QQ 群、全国企业信用信息公示系统、关联企业官网和公告信息、征信系统、全国法院失信被执行信息系统等。

以上这些数据大部分属于定性数据，课题组针对每一项指标设定了定量化准则，我们将通过各种渠道获取的数据录入数据库系统，计算机根据相应的定量化准则转化成定量化数据。

3.3.3　O2O 数据搜集和处理

在互联网的浪潮之下，大部分数据可以从网上获取，但是伴随着庞和杂之外，从数据获取的角度看，对数据真实性的辨别有很大程度的要求，因此，课题组策划了针对 P2P 企业的投资价值评价的线下数据调研工作——R 计划，并于 2015 年 8 月初正式开启了此次调研，先后走访了深圳、广州、东莞、武汉、长沙、北京、上海、杭州、温州等地，深入调研平台达 80 余家。

BTOSE 中部分数据的判断需要结合 O2O 数据，若 O2O 数据核实的与网上渠道搜索存在出入，以 O2O 调研数据为准。因此，IFRM 指标体系中将 O2O 数据与 BTOSE 数据相结合，在体系中明确标明的 O2O 加分项指标为课题组根据尽调情况给予的尽调指标的综合调分项。

O2O 线下尽调需要搜集的数据主要是核实一些信息，包括企业的基本信息、管理团队基本信息、运营实力、财务状况、项目真实性以及技术实力等其他信息。课题 O2O 线下尽调小组会出具相应的线下尽调报告，通过 O2O 数据来修正线上尽调的数据，并给予各 O2O 尽调大类相应的评分调整。这就是 O2O 线下尽调数据的搜集和处理方法。

4

P2P 企业投资价值评分和评价准则

在对 P2P 企业投资价值评价的模型设定中，我们拟采用指标体系评价方法进行评价，并且指标筛选采用模糊综合评价法，第三章中，我们对所有选择的指标进行了详细解释，现在我们通过综合评价法，具体依据接下来将详细介绍的评分指南，对所有入选平台样本投资价值进行评分，并排出 P2P 企业投资价值 TOP50 榜单，以及分背景的国资系、上市系、风投系、民营系 P2P 企业投资价值 TOP5 榜单，分业务逻辑的小微信贷类、车贷类、P2F 类的 P2P 企业投资价值 TOP5 榜单。

IFRM 投资价值评价指标体系中，FOW 为定性的入选指标体系，BTOSE 为定量评价指标体系，O2O 为线下调研加分项评价指标体系，DW 为大数据舆情监测预警指标体系，因此，本章主要介绍的是对已通过 FOW 定性入选指标体系的样本企业进行 BTOSE 定量评价的评分方法和评价准则。BTOSE 定量评价体系共包括 5 项一级指标，23 项二级指标，74 项三级指标，还有百余项直接数据采集指标。其中，不同类型的企业对应的三级指标存在一定的差异。接下来，我们将介绍这些指标的具体评分指南以及 P2P 企业投资价值的评价准则。IFRM 指标体系采取 1000 分制，每项指标的具体分配分值通过"模糊综合评价法"最终决定，并且不同类型企业投资价值考察的偏重点不同，因此各类型企业的指标体系中指标也存在些许差异，分值的分配也同样存在差异。现在我们先对 P2P 企业投资价值综合评价指标体系进行评分指南和评价准则的介绍。

4.1 平台基础实力

平台基础实力总分为 210 分，下设 6 个二级指标，分别为成立条件、地理位置优劣势、股东实力、公司高管层实力、融资背景实力、标的合理性。其中，成立条件总分为 60 分，地理位置优劣势总分为 10 分，股东实力总分为 30 分，公司高管层实力总分为 35 分，融资背景实力总分为 30 分，标的合理性总分为 45 分。

4.1.1 成立条件

成立条件主要反映的是平台最基本的资金和经营实力，下设三个三级指标，分别为注册资本实力、公司成立时长、股东稳定性。

4.1.1.1 注册资本实力

考察注册资本实力主要通过两方面来评价，分别为资本金充盈情况和资本金到位情况。资本金充盈情况可以通过注册资本的实际值来判别，资本金到位情况可以通过实缴资本所占比重来判别。因此，注册资本实力的基础数据为企业注册资本和企业实缴资本占比。在当前 IFRM 投资价值评价指标体系中，注册资本实力总分为 30 分，具体评分细则如下：

（1）资本金充盈情况满分为 a_1，分值分为 5 档，资本金数值为 x_1 万元，样本的注册资金的均值为 $\bar{x}_1$ 万元。

若 $x_1 - \bar{x}_1 \leqslant -100$，则资本金到位情况评分为 $a_1/5$；

若 $-100 < x_1 - \bar{x}_1 \leqslant 100$，则资本金到位情况评分为 $2 \times a_1/5$；

若 $100 < x_1 - \bar{x}_1 \leqslant 500$，则资本金到位情况评分为 $3 \times a_1/5$；

若 $500 < x_1 - \bar{x}_1 \leqslant 1000$，则资本金到位情况评分为 $4 \times a_1/5$；

若 $x_1 - \bar{x}_1 > 1000$，则资本金到位情况评分为 a_1。

在当前的 IFRM 投资价值综合评价指标体系中，a_1 为 15 分。

（2）资本金到位情况满分为 a_2，分值分为 6 档，实缴资本占比为 x_2。

若 $x_2 = 0$，则资本金到位情况评分为 0；

若 $0 < x_2 \leq 25\%$，则资本金到位情况评分为 $a_2/5$；

若 $25\% < x_2 \leq 50\%$，则资本金到位情况评分为 $2 \times a_2/5$；

若 $50\% < x_2 \leq 75\%$，则资本金到位情况评分为 $3 \times a_2/5$；

若 $75\% < x_2 < 1$，则资本金到位情况评分为 $4 \times a_2/5$；

若 $x_2 = 1$，则资本金到位情况评分为 a_2。

在当前的 IFRM 投资价值综合评价指标体系中，a_2 为 15 分。

4.1.1.2　公司成立时长

公司注册时长主要考察公司成立时间的长短。成立时间较长且正常运营的平台所体现的本项基础实力也相对较强。因此本项得分满分为 a_3，分值分为 4 档。成立时长 = 月份（数据搜集时间 – 注册时间）/30 = x_3。

若 $0 < x_3 \leq 6$，则公司成立时长的指标评分为 $a_3/4$；

若 $6 < x_3 \leq 12$，则公司成立时长的指标评分为 $2 \times a_3/4$；

若 $12 < x_3 \leq 24$，则公司成立时长的指标评分为 $3 \times a_3/4$；

若 $x_3 > 24$，则公司成立时长的指标评分为 a_3。

在当前的 IFRM 投资价值综合评价指标体系中，a_3 为 10 分。

4.1.1.3　股东稳定性

股东变更情况主要考察企业经营的稳定性。排除资本注入的情况，股东变更较为频繁显示股东稳定性较差，用近半年股东变更次数表示。因此本项得分满分为 a_4，分值分为 3 档。股东近半年变更次数为 x_4。

若 $x_4 = 0$，则股东稳定性指标评分为 a_4；

若 $x_4 = 1$，则股东稳定性指标评分为 $a_4/2$；

若 $x_4 > 1$，则股东稳定性指标评分为 0。

在当前的 IFRM 投资价值综合评价指标体系中，a_4 为 20 分。

4.1.2　地理位置优劣势

地理位置优劣势主要考察平台所在地的经济背景实力。

4.1.2.1 注册地

注册地指标满分为 a_5，分值分为 3 档，注册地指标值为 x_5。

若 x_5 属于全国一线城市，特指北京、上海、广州、深圳，那么此项得分为 a_5；

若 x_5 属于全国二线城市，其他各省的省会城市，那么此项得分为 $a_5/2$；

若 x_5 属于全国三线城市，那么此项得分为 0。

在当前的 IFRM 投资价值综合评价指标体系中，a_5 为 5 分。

4.1.2.2 办公地

办公地指标满分为 a_6，分值分为 3 档，办公地指标值为 x_6。

若 x_6 属于全国一线城市，那么此项得分为 a_6；

若 x_6 属于全国二线城市，那么此项得分为 $a_6/2$；

若 x_6 属于全国三线城市，那么此项得分为 0。

其中，若注册地与办公地不在同一城市，则本项指标档次下降一档。

在当前的 IFRM 投资价值综合评价指标体系中，a_6 为 5 分。

4.1.3 股东实力

股东实力主要考察平台的股东背景实力。下设 2 项三级指标，分别为股东行业背景和最大股东实力情况。

4.1.3.1 股东行业背景

主要考察股东是否有金融背景和互联网背景。

（1）股东金融行业背景情况满分为 a_7。用股东是否有金融背景为零壹数据指标，为 x_7。

若 $x_7 = 1$，则评分为 a_7；

若 $x_7 = 0$，则评分为 0。

在当前的 IFRM 投资价值综合评价指标体系，a_7 为 5 分。

（2）股东互联网行业背景满分为 a_8，用股东是否有互联网背景为零壹数据指标，为 x_8。

若 $x_8 = 1$，则该项指标评分为 a_8；

若 $x_8 = 0$，则该项指标评分为 0。

在当前的 IFRM 投资价值综合评价指标体系中，a_8 为 5 分。

4.1.3.2　最大股东实力情况

公司最大股东对于整个平台的基础实力有很大的影响，因此本项指标考察的是最大股东的实力，主要指经济实力，本项指标用最大股东的实缴资本体现，若最大股东为自然人，则为这个人的实缴资本，这个实缴资本表示为 x_9 万元，评分满分为 a_9。

若该项指标值 $x_9 \geq 1000$，则该项指标评分为 a_9；

若该项指标值 $500 < x_9 \leq 1000$，则该项指标评分为 $2 \times a_9/3$；

若该项指标值 $100 < x_9 \leq 500$，则该项指标评分为 $a_9/3$；

若该项指标值 $x_9 \leq 100$，则该项指标评分为 0。

在当前的 IFRM 投资价值综合评价指标体系中，a_9 为 20 分。

4.1.4　公司高管层实力

本项指标意在考察参与平台运营的高管团队的实力。下设 4 项三级指标，分别为高管人数、高管教育背景、高管从业经验、高管是否发生变动。

4.1.4.1　高管人数

平台的高管人数是判断高管层实力的一项重要指标。满分为 a_{10}，高管人数的数据值为 x_{10}。本项指标分为 3 档。

若 $0 < x_{10} \leq 2$，则该项指标评分为 $a_{10}/3$；

若 $2 < x_{10} \leq 5$，则该项指标评分为 $2 \times a_{10}/3$；

若 $x_{10} > 5$，则该项指标评分为 a_{10}。

在当前的 IFRM 投资价值综合评价指标体系中，a_{10} 为 5 分。

4.1.4.2　高管教育背景

平台的高管教育背景是判断高管层专业能力的重要指标。满分为 a_{11}，高管的平均学历分表现为 x_{11}，本项指标分为 4 档。平均学历分 x_{11} 根据每个高管的学历得分进行计算，学历为本科以下为 1，普通本科为 2，重点院校本科或者海归本科为 3，硕士为 4，博士及以上为 5。

若 $0 < x_{11} \leq 1$，则本项指标评分为 0；

若 $1 < x_{11} \leq 3$，则本项指标评分为 $a_{11}/3$；

若 $3 < x_{11} \leq 4$，则本项指标评分为 $2 \times a_{11}/3$；

若 $x_{11} > 4$，则本项指标评分为 a_{11}。

在当前的 IFRM 投资价值综合评价指标体系中，a_{11} 为 10 分。

4.1.4.3 高管从业经验

该项指标满分为 a_{12}，分为 4 档，x_{12} 表示平均从业经验，具体为从业时间的年限。

若 $0 < x_{12} \leq 1$，则本项指标评分为 0；

若 $1 < x_{12} \leq 3$，则本项指标评分为 $a_{12}/3$；

若 $3 < x_{12} \leq 5$，则本项指标评分为 $2 \times a_{12}/3$；

若 $x_{12} > 5$，则本项指标评分为 a_{12}。

在当前的 IFRM 投资价值综合评价指标体系中，a_{12} 为 10 分。

4.1.4.4 高管是否发生变动

该项指标根据高管变动的次数来判断，满分为 a_{13}，分为 4 档，变动次数的统计区间为近一年时间。

若 $x_{13} = 0$，则本项指标评分为 a_{13}；

若 $0 < x_{13} \leq 1$，则本项指标评分为 $2 \times a_{13}/3$；

若 $1 < x_{13} \leq 2$，则本项指标评分为 $a_{13}/3$；

若 $x_{13} > 2$，则本项指标评分为 a_{13}。

在当前的 IFRM 投资价值综合评价指标体系中，a_{13} 为 10 分。

4.1.5 融资背景实力

本项指标考察平台的背书和经营持续性问题。由于 P2P 平台前期投入较大，因此，融资背景实力是比较重要的评价指标。具体的判别指标为融资时间和融资实力。若无融资，则本项得分为 0。

4.1.5.1　融资时间

本项指标通过获得融资的时长来判别，融资时长 x_{14} = （A 轮融资时间 − 上线时间）/30，本项指标满分为 a_{14}，分为 3 档。

若 $0 < x_{14} \leqslant 6$，则本项指标评分为 a_{14}；

若 $6 < x_{14} \leqslant 18$，则本项指标评分为 $a_{14}/2$；

若 $x_{14} > 18$，则本项指标评分为 0。

在当前的 IFRM 投资价值综合评价指标体系中，a_{14} 为 10 分。

4.1.5.2　融资实力

本项指标通过已完成的融资资金以及融资次数来判别，融资实力分为 4 个档次，满分为 a_{15}，具体数值体现为成立至今的融资总资金 x_{15} 万元。

若 $0 < x_{15} \leqslant 500$，则本项指标评分为 $a_{15}/4$；

若 $500 < x_{15} \leqslant 1000$，则本项指标评分为 $a_{15}/2$；

若 $1000 < x_{15} \leqslant 2000$，则本项指标评分为 $3 \times a_{15}/4$；

若 $x_{15} > 2000$，则本项指标评分为 a_{15}。

此外，融资次数若已达到 B 轮及以上，档次则上调一个级别。

在当前的 IFRM 投资价值综合评价指标体系中，a_{15} 为 20 分。

4.1.6　标的合理性

本项指标考察标的基本信息。下设 6 项三级指标，分别为平台产品类型设置及布局的合理程度、平台平均单笔标的额的合理程度、平台标的数量的合理程度、标的期限的合理性、标的抵押物估值的合理程度、续借标的占比的合理程度。

4.1.6.1　平台产品类型设置及布局的合理程度

此项为 x_{16}，为零壹变量，满分为 a_{16}。该项指标分为 2 档。

若平台业务单一或者混合业务之间无关联关系，则 $x_{16}=0$，则此项评分为 a_{16}；

若平台业务单一或者混合业务之间有关联关系，则 $x_{16}=1$，则此项评分为 0。

在当前的 IFRM 投资价值综合评价指标体系中，a_{16} 为 10 分。

4.1.6.2　平台平均单笔标的额的合理程度

此项为 x_{17}，平均单笔标的额为 $\overline{x}_{17}$，最大值为 $x_{17}(\max)$，最小值为 $x_{17}(\min)$，满分为 a_{17}。

若 $0.75 \leqslant \dfrac{x_{17}(\max) - x_{17}(\min)}{2\overline{x}_{17}} \leqslant 1$，则此项评分为 a_{17}；

若 $0.5 \leqslant \dfrac{x_{17}(\max) - x_{17}(\min)}{2\overline{x}_{17}} < 0.75$，则此项评分为 $a_{17}/2$；

若 $\dfrac{x_{17}(\max) - x_{17}(\min)}{2\overline{x}_{17}} < 0.5$ 或者 $\dfrac{x_{17}(\max) - x_{17}(\min)}{2\overline{x}_{17}} \geqslant 1$，则此项评分为 0。

在当前的 IFRM 投资价值综合评价指标体系中，a_{17} 为 10 分。

4.1.6.3　平台标的数量的合理程度

此项为 x_{18}，为近 4 周每周发标数量，并且同业务模式平台每周发标数量的样本均值为 $\overline{x}_{18}$，满分为 a_{18}。该项指标分为 3 档。

若 $0.75 \leqslant \dfrac{x_{18}}{\overline{x}_{18}} \leqslant 1.25$，则此项评分为 a_{18}；

若 $0.5 \leqslant \dfrac{x_{18}}{\overline{x}_{18}} < 0.75$ 或者 $1.25 < \dfrac{x_{18}}{\overline{x}_{18}} \leqslant 1.5$，则此项评分为 $a_{18}/2$；

若 $\dfrac{x_{18}}{\overline{x}_{18}} < 0.5$ 或者 $\dfrac{x_{18}}{\overline{x}_{18}} > 1.5$，则此项评分为 0。

在当前的 IFRM 投资价值综合评价指标体系中，a_{18} 为 10 分。

4.1.6.4　标的期限的合理性

此项为 x_{19}，为近 4 周平台标的的平均期限，并且同业务模式平台标的平均期限这个指标的样本均值为 $\bar{x}_{19}$，满分为 a_{19}。该项指标分为 3 档。

若 $0.75 \leqslant \dfrac{\bar{x}_{19}}{x_{19}} \leqslant 1.25$，则此项评分为 a_{19}；

若 $0.5 \leqslant \dfrac{\bar{x}_{19}}{x_{19}} < 0.75$ 或者 $1.25 < \dfrac{\bar{x}_{19}}{x_{19}} \leqslant 1.5$，则此项评分为 $a_{19}/2$；

若 $\dfrac{\bar{x}_{19}}{x_{19}} < 0.5$ 或者 $\dfrac{\bar{x}_{19}}{x_{19}} > 1.5$，则此项评分为 0。

在当前的 IFRM 投资价值综合评价指标体系中，a_{19} 为 5 分。

4.1.6.5 标的抵押物估值的合理程度

此项为 x_{20}，为零壹变量，满分为 a_{20}。该项指标分为 2 档。

若抵押物估值过高，$x_{20} = 1$，则此项评分为 0；

若 $x_{20} = 0$，则此项评分为 a_{20}。

在当前的 IFRM 投资价值综合评价指标体系中，a_{20} 为 5 分。

4.1.6.6 续借标的占比的合理程度

此项用标的续借率表示，为 x_{21}，满分为 a_{21}。该项指标分为 4 档。

若 $0 \leqslant x_{21} \leqslant 0.05$，则此项评分为 a_{21}；

若 $0.05 < x_{21} \leqslant 0.1$，则此项评分为 $2 \times a_{21}/3$；

若 $0.1 < x_{21} \leqslant 0.3$，则此项评分为 $a_{21}/3$；

若 $x_{21} > 0.3$，则此项评分为 0。

在当前的 IFRM 投资价值综合评价指标体系中，a_{21} 为 5 分。

4.2 平台运营实力

平台运营实力意在考察平台本身的运营情况，下设的二级指标有平台活跃度和规模、风险分散性、逾期和坏账情况、资金留存情况、流动性实力、财务及收益状况、其他。

4.2.1 平台活跃度和规模

平台的贷款余额、投资人数、借款人数和注册人数能一定程度上反映平台的活跃度和规模。一般而言，平台成立一定时期，贷款余额、投资人数、借款人数、注册人数一定程度上反映了平台的运营能力。

4.2.1.1 贷款余额

贷款余额指标的满分为 b_1，贷款余额的表现根据平台的贷款余额数量来体现，近四周贷款余额均值为 y_1 万元。

若 $0 \leq y_1 < 2000$，则本项指标得分为 0；

若 $2000 \leq y_1 < 5000$，则本项指标得分为 $b_1/4$；

若 $5000 \leq y_1 < 10000$，则本项指标得分为 $2 \times b_1/4$；

若 $10000 \leq y_1 < 50000$，则本项指标得分为 $3 \times b_1/4$；

若 $y_1 \geq 50000$，则本项指标得分为 b_1。

在当前的 IFRM 投资价值综合评价指标体系中，b_1 为 10 分。

4.2.1.2 投资人数

投资人数指标的满分为 b_2，投资人数的表现根据平台的总投资人数以及新增投资人数来判别，近四周新增投资人数为 y_2。

若 $0 \leq y_2 < 100$，则本项指标得分为 0；

若 $100 \leq y_2 < 500$，则本项指标得分为 $b_2/4$；

若 $500 \leq y_2 < 1000$，则本项指标得分为 $2 \times b_2/4$；

若 $1000 \leq y_2 < 2000$，则本项指标得分为 $3 \times b_2/4$；

若 $y_2 \geq 2000$，则本项指标得分为 b_2。

在当前的 IFRM 投资价值综合评价指标体系中，b_2 为 10 分。

4.2.1.3 借款人数

借款人数指标的满分为 b_3，借款人数的表现根据平台的总借款人数以及新增借款人数来判别，近四周新增借款人数为 y_3。

若 $0 \leq y_3 < 10$，则本项指标得分为 0；

若 $10 \leqslant y_3 < 50$，则本项指标得分为 $b_3/4$；

若 $50 \leqslant y_3 < 100$，则本项指标得分为 $2 \times b_3/4$；

若 $100 \leqslant y_3 < 200$，则本项指标得分为 $3 \times b_3/4$；

若 $y_3 \geqslant 200$，则本项指标得分为 $3 \times b_3/4$。

在当前的 IFRM 投资价值综合评价指标体系中，b_3 为 10 分。

4.2.1.4　注册人数

注册人数指标的满分为 b_4，注册人数的表现根据平台的总注册人数来判别，总注册人数为 y_4。

若 $0 \leqslant y_4 < 5000$，则本项指标得分为 0；

若 $5000 \leqslant y_4 < 10000$，则本项指标得分为 $b_4/4$；

若 $10000 \leqslant y_4 < 20000$，则本项指标得分为 $2 \times b_4/4$；

若 $20000 \leqslant y_3 < 50000$，则本项指标得分为 $3 \times b_4/4$；

若 $y_4 \geqslant 50000$，则本项指标得分为 b_4。

在当前的 IFRM 投资价值综合评价指标体系中，b_4 为 10 分。

4.2.2　风险分散性

风险分散性主要由借款集中度和投资集中度体现。借款集中度表现资产端坏账风险集中度，投资集中度表现投资端挤兑风险集中度。

4.2.2.1　投资分散性

投资分散性的满分为 b_5，投资集中度用前十名投资人投资总额占比表示，数据为 y_5，本项指标得分分为 4 档。

若 $y_5 \geqslant 90\%$ 或者 $y_5 \leqslant 10\%$，则本项指标得分为 0；

若 $75\% \leqslant y_5 < 90\%$ 或者 $10\% < y_5 < 30\%$，则本项指标得分为 $b_5/3$；

若 $50\% \leqslant y_5 < 75\%$，则本项指标得分为 $2 \times b_5/3$；

若 $30\% \leqslant y_5 < 50\%$，则本项指标得分为 b_5。

在当前的 IFRM 投资价值综合评价指标体系中，b_5 为 10 分。

4.2.2.2 借款分散性

借款分散性的满分为 b_6，借款集中度用前十名借款人借款总额占比表示，数据为 y_6，本项指标得分分为 4 档。

若 $y_6 \geqslant 75\%$，则本项指标得分为 0；

若 $50\% \leqslant y_6 < 75\%$，则本项指标得分为 $b_6/3$；

若 $40\% \leqslant y_6 < 50\%$，则本项指标得分为 $2 \times b_6/3$；

若 $y_6 < 40\%$，则本项指标得分为 b_6。

在当前的 IFRM 投资价值综合评价指标体系中，b_6 为 10 分。

4.2.3 逾期和坏账情况

逾期和坏账情况下设 5 项三级指标，大致包含借款逾期率、平台坏账率、逾期标的平均逾期周期、抵押物处置能力等方面的内容。

4.2.3.1 借款人逾期率

借款人逾期率指标满分为 b_7，分为 4 档，逾期率的数据为 y_7。

若 $y_7 \geqslant 5\%$，则本项指标得分为 0；

若 $1\% \leqslant y_7 < 5\%$，则本项指标得分为 $b_7/3$；

若 $0.5\% \leqslant y_7 < 1\%$，则本项指标得分为 $2 \times b_7/3$；

若 $y_7 \leqslant 0.5\%$，则本项指标得分为 b_7。

在当前的 IFRM 投资价值综合评价指标体系中，b_7 为 10 分。

4.2.3.2 借款标的逾期率

借款标的逾期率指标满分为 b_8，分为 4 档，逾期率的数据为 y_8。

若 $y_8 \geqslant 5\%$，则本项指标得分为 0；

若 $1\% \leqslant y_8 < 5\%$，则本项指标得分为 $b_8/3$；

若 $0.5\% \leqslant y_8 < 1\%$，则本项指标得分为 $2 \times b_8/3$；

若 $y_8 \leqslant 0.5\%$，则本项指标得分为 b_8。

在当前的 IFRM 投资价值综合评价指标体系中，b_8 为 10 分。

4.2.3.3 平台坏账率

平台坏账率指标满分为 b_9，分为 4 档，逾期率的数据为 y_9。

若 $y_9 \geqslant 5\%$，则本项指标得分为 0；

若 $1\% \leqslant y_9 < 5\%$，则本项指标得分为 $b_9/3$；

若 $0.5\% \leqslant y_9 < 1\%$，则本项指标得分为 $2 \times b_9/3$；

若 $y_9 < 0.5\%$，则本项指标得分为 b_9。

在当前的 IFRM 投资价值综合评价指标体系中，b_9 为 10 分。

4.2.3.4 逾期标的平均逾期周期

逾期标的平均逾期周期间接反映了平台前期对标的项目的审核能力以及逾期催收能力。此项指标满分为 b_{10}，分为 4 档，逾期标的平均逾期周期数据为 y_{10}，单位为月。

若 $y_{10} \geqslant 6$，则本项指标得分为 0；

若 $3 \leqslant y_{10} < 6$，则本项指标得分为 $b_{10}/3$；

若 $1 \leqslant y_{10} < 3$，则本项指标得分为 $2 \times b_{10}/3$；

若 $y_{10} < 1$，则本项指标得分为 b_{10}。

在当前的 IFRM 投资价值综合评价指标体系中，b_{10} 为 10 分。

4.2.3.5 抵押物或逾期标的处置能力

抵押物处置能力或逾期标的处置能力直接反映平台的变现能力和应对能力。此项指标满分为 b_{11}，分为 4 档，抵押物或逾期标的处置能力根据坏账处置成功的时间进行衡量，处置成功的时间为 y_{11}。

若 $y_{11} \geqslant 6$，则本项指标得分为 0；

若 $3 \leqslant y_{11} < 6$，则本项指标得分为 $b_{11}/3$；

若 $1 \leqslant y_{11} < 3$，则本项指标得分为 $2 \times b_{11}/3$；

若 $y_{11} < 1$，则本项指标得分为 b_{11}。

在当前的 IFRM 投资价值综合评价指标体系中，b_{11} 为 20 分。

4.2.4 资金留存情况

本指标考核的是平台的资金留存情况，下设 2 项三级指标，分别为标的平均满标时间和发标充盈率。

4.2.4.1 标的平均满标时间

标的平均满标时间指标的满分为 b_{12}，根据标的的平均满标时间来判断，近四周标的平均满标时间为 y_{12}，单位为天。

若 $y_{12} \geq 10$，则本项指标得分为 0；

若 $5 \leq y_{12} < 10$，则本项指标得分为 $b_{12}/3$；

若 $2 \leq y_{12} < 5$，则本项指标得分为 $2 \times b_{12}/3$；

若 $y_{12} < 2$，则本项指标得分为 b_{12}。

在当前的 IFRM 投资价值综合评价指标体系中，b_{12} 为 10 分。

4.2.4.2 发标充盈率

发标充盈率满分为 b_{13}，根据日均发标金额 y_{13}（单位为万元）或者日均发标数量 y_{14}（单位为个）来判别，本项指标得分分为 3 档。

若 $y_{13} \leq 1$ 或 $y_{14} \leq 1$，则本项指标得分为 0；

若 $1 \leq y_{13} < 10$ 且 $1 \leq y_{14} < 5$，则本项指标得分为 $b_{13}/2$；

若其他情况，则本项指标得分为 b_{13}。

在当前的 IFRM 投资价值综合评价指标体系中，b_{13} 为 10 分。

4.2.5 流动性实力

本指标意在考察针对投资人而言的资金流动性以及针对平台而言的资金流动性。

4.2.5.1 投资人资金流动性

投资人资金流动性指标由两项指标构成，分别为有无净值标或转让机制和净值标或转让机制的可操作性。

（1）有无净值标或转让机制指标，满分为 b_{14}

若该项指标表现为无，则其上级指标——投资人资金流动性指标直接得分为 0；

若表现为有，则该项指标评分为 b_{14}。

在当前的 IFRM 投资价值综合评价指标体系中，b_{14} 为 10 分。

（2）净值标或转让机制的可操作性，满分为 b_{15}

在有无净值标或转让机制指标评分为 b_{15} 的条件下，此项启动评分。根据净值标或者转让机制的启动时间、收费方式、转让满标速度分来判别，主要为转让成功的时间，用 y_{15} 来表示，单位为"天"。

若 $y_{15} \geqslant 5$，则该项得分为 0；

若 $3 \leqslant y_{15} < 5$，则该项得分为 $b_{15}/3$；

若 $1 \leqslant y_{15} < 3$，则该项得分为 $2 \times b_{15}/3$；

若 $y_{15} < 1$，则该项得分为 b_{15}。

在当前的 IFRM 投资价值综合评价指标体系中，b_{15} 为 10 分。

4.2.5.2 平台自身流动性

平台自身流动性考察的主要是现金流的走势情况。该项指标满分为 b_{16}。

若近三个月的现金流净流入表现均为正，则此项评分为 b_{16}；

若近三个月的现金流净流入表现均为负，则此项评分为 0；

若近三个月的现金流净流入表现均为有正有负，则此项评分为 $b_{16}/2$。

在当前的 IFRM 投资价值综合评价指标体系中，b_{16} 为 10 分。

4.2.6 财务及收益状况

财务及收益状况一定程度上可以反映平台的运营能力。该项指标下设 3 项三级指标，分别为平台盈利情况、平台市场投入情况、平台技术投入情况，数据指标分别为资产负债率、市场费用占比、研发费用占比，此三项指标主要从平台的财务报表中取得。

4.2.6.1 平台盈利情况

本项指标满分为 b_{17}，资产负债率为 y_{17}，按平台业务分类的同一类业务的样本该指标均值为 $\overline{y_{17}}$。

若 $0.75 \leqslant \dfrac{y_{17}}{\overline{y_{17}}} \leqslant 1.25$，则此项评分为 b_{17}；

若 $0.5 \leqslant \dfrac{\overline{y_{17}}}{y_{17}} < 0.75$ 或者 $1.25 < \dfrac{\overline{y_{17}}}{y_{17}} \leqslant 1.5$，则此项评分为 $b_{17}/2$；

若 $\dfrac{\overline{y_{17}}}{y_{17}} < 0.5$ 或者 $\dfrac{\overline{y_{17}}}{y_{17}} > 1.5$，则此项评分为 0。

在当前的 IFRM 投资价值综合评价指标体系中，b_{17} 为 10 分。

4.2.6.2 平台市场投入情况

本项指标满分为 b_{18}，根据 P2P 所属公司财务报表中市场费用占比情况来判别，y_{18} 为所属公司市场费用占总费用支出的比例。

若 $25\% \leqslant y_{18} \leqslant 50\%$，则此项评分为 b_{18}；

若 $10\% \leqslant y_{18} < 25\%$ 或者 $50\% < y_{18} \leqslant 75\%$，则此项评分为 $b_{18}/2$；

若 $y_{18} < 10\%$ 或者 $y_{18} > 75\%$，则此项评分为 0。

在当前的 IFRM 投资价值综合评价指标体系中，b_{18} 为 10 分。

4.2.6.3 平台技术投入情况

本项指标满分为 b_{19}，根据 P2P 所属公司财务报表中技术研发投入来判别，y_{19} 为技术研发投入占费用支出的比例。

若 $25\% \leqslant y_{19} \leqslant 50\%$，则此项评分为 b_{19}；

若 $10\% \leqslant y_{19} < 25\%$ 或者 $50\% < y_{19} \leqslant 75\%$，则此项评分为 $b_{19}/2$；

若 $y_{19} < 10\%$ 或者 $y_{19} > 75\%$，则此项评分为 0。

在当前的 IFRM 投资价值综合评价指标体系中，b_{19} 为 10 分。

4.2.7 其他

本项二级指标下设两个指标，分别为平台上线运营时长和平台 ALEXA 排名情况。

4.2.7.1 平台上线运营时长

本项指标考察的是平台运营时长，满分为 b_{20}，评分数据指标为上线运营时间的月份统计 y_{20}。

若 $y_{20} < 6$，则本项指标得分为 0；

若 $6 \leqslant y_{20} < 12$，则本项指标得分为 $b_{20}/3$；

若 $12 \leqslant y_{20} < 24$，则本项指标得分为 $2 \times b_{20}/3$；

若 $y_{20} \geqslant 24$，则本项指标得分为 b_{20}。

在当前的 IFRM 投资价值综合评价指标体系中，b_{20} 为 5 分。

4.2.7.2 平台 ALEXA 排名

本项指标从侧面反映平台的运营能力，满分为 b_{21}，评分数据指标为 y_{21}，指近三个月平均 ALEXA 排名。

若 $y_{21} < 30000$，则本项指标得分为 b_{21}；

若 $30000 \leqslant y_{21} < 100000$，则本项指标得分为 $2 \times b_{21}/3$；

若 $100000 \leqslant y_{21} < 200000$，则木项指标得分为 $b_{21}/3$；

若 $y_{21} \geqslant 200000$，则本项指标得分为 0。

在当前的 IFRM 投资价值综合评价指标体系中，b_{21} 为 5 分。

4.3 安全保障实力

本项指标主要考察平台的安全保障实力，包括风险准备金保障实力、担保保障实力、资金托管程度、IT 技术等。

4.3.1 风险准备金保障实力

下设 4 项三级指标：有无风险准备金、风险准备金托管方式、风险准备金覆盖程度、风险准备金赔付机制。

4.3.1.1 有无风险准备金

满分为 c_1，数据值为 z_1。

如果该平台没有风险准备金，则风险准备金保障实力这一大项得分为 0。否则，风险准备金金额满分为 $2 \times c_1/3$，风险准备金是否可查满分为 $c_1/3$。

若风险准备金金额小于或等于 100 万元，风险准备金可查，则本项得

分为 $c_1/3$；

若风险准备金金额小于或等于 100 万元，风险准备金不可查，则本项得分为 0；

若风险准备金金额大于 100 万元小于 500 万元，风险准备金可查，则本项得分为 $2 \times c_1/3$；

若风险准备金金额大于 100 万元小于 500 万元，风险准备金不可查，则本项得分为 $c_1/3$；

若风险准备金金额大于 500 万元，风险准备金不可查，则本项得分为 $2 \times c_1/3$；

若风险准备金金额大于 500 万元，风险准备金可查，则本项得分为 c_1。

在当前的 IFRM 投资价值综合评价指标体系中，c_1 为 20 分。

4.3.1.2 风险准备金托管方式

满分为 c_2，数据值为 z_2。

若风险准备金没有托管，则该项得分为 0；

若风险准备金托管于银行，则该项得分为 c_2；

若风险准备金托管于非银行机构，则该项得分为 $c_2/2$。

在当前的 IFRM 投资价值综合评价指标体系中，c_2 为 10 分。

4.3.1.3 风险准备金覆盖程度

该项指标满分为 c_3，数值用风险准备金与贷款余额比值 z_3 表示。

若 $z_3 \geqslant 0.2$，则本项指标得分为 c_3；

若 $0.1 \leqslant z_3 < 0.2$，则本项指标得分为 $2 \times c_3/3$；

若 $0.05 \leqslant z_3 < 0.1$，则本项指标得分为 $c_3/3$；

若 $z_3 < 0.05$，则本项指标得分为 0。

在当前的 IFRM 投资价值综合评价指标体系中，c_3 为 30 分。

4.3.1.4 风险准备金赔付机制

该项指标满分为 c_4，主要为风险准备金的赔付比例和赔付启动时间。

在风险准备金全额赔付的情况下，评分如下。其赔付启动时间为逾期后 z_4 天。

若 $z_4 > 30$，则该项得分为 0；

若 $15 < z_4 \leqslant 30$，则该项得分为 $c_4/4$；

若 $7 < z_4 \leqslant 15$，则该项得分为 $2 \times c_4/4$；

若 $2 < z_4 \leqslant 7$，则该项得分为 $3 \times c_4/4$；

若 $z_4 \leqslant 2$，则该项得分为 c_4。

在风险准备金非全额赔付的情况下，以上评分均下调一个档位。

在当前的 IFRM 投资价值综合评价指标体系中，c_4 为 20 分。

4.3.2 担保保障实力

本项指标考察的是平台自己本身的安全性问题。如果平台没有第三方担保机制，则本项指标评分为 0；否则，考察下设的 6 项指标。

4.3.2.1 担保覆盖程度

担保覆盖程度满分为 c_5，用再担保金额与贷款余额的比值来评定，数值为 z_5。

若 $z_5 \geqslant 100\%$，则本项指标得分为 c_5；

若 $75\% \leqslant z_5 < 100\%$，则本项指标得分为 $2 \times c_5/3$；

若 $50\% \leqslant z_5 < 75\%$，则本项指标得分为 $c_5/3$；

若 $z_5 < 50\%$，则本项指标得分为 0。

在当前的 IFRM 投资价值综合评价指标体系中，c_5 为 20 分。

4.3.2.2 担保公司资本实力

担保公司资本实力满分为 c_6，根据担保合作机构的注册资本来评判，数据指标为所有担保公司平均注册资本实力，数值为 z_6 万元，等级分为 4 档。

若该项指标值 $z_6 > 100000$，则该项指标评分为 c_6；

若该项指标值 $50000 < z_6 \leqslant 100000$，则该项指标评分为 $2 \times c_6/3$；

若该项指标值 $10000 < z_6 \leqslant 50000$，则该项指标评分为 $c_6/3$；

若该项指标值 $z_6 \leqslant 10000$，则该项指标评分为 0。

在当前的 IFRM 投资价值综合评价指标体系中，c_6 为 20 分。

4.3.2.3　担保公司法人、股东等背景实力

本项指标满分为 c_7，根据担保公司的金融和互联网背景实力来评分，数值为 z_7。

若担保公司全部有金融和互联网背景实力，则本项得分为 c_7；

若担保公司只有部分有金融和互联网背景实力，则该项指标得分为 $c_7/2$；

若担保公司全部无金融和互联网背景实力，则该项得分为 0。

在当前的 IFRM 投资价值综合评价指标体系中，c_7 为 10 分。

4.3.2.4　担保公司与平台关系的合理程度

本项指标满分为 c_8，根据调研情况进行判别，数值为 z_8，评判等级分为 3 档：兄弟或者父子关系、其他类型的相关关系、无关系。

若 z_8 为兄弟或者父子关系，则该项得分为 0；

若 z_8 为其他类型的相关关系，则该项得分为 $c_8/2$；

若 z_8 为无关系，则该项得分为 c_8。

在当前的 IFRM 投资价值综合评价指标体系中，c_8 为 20 分。

4.3.2.5　担保公司的信息披露力度

本项指标满分为 c_9，数据指标为平台是否可查担保公司详细信息，数值为 z_9。

若平台不可查担保公司详细信息，则该项得分为 0；

若平台可查担保公司详细信息，则该项得分为 c_9。

在当前的 IFRM 投资价值综合评价指标体系中，c_9 为 10 分。

4.3.2.6　担保机构的历史舆情

本项指标满分为 c_{10}，用担保公司是否有失信记录来表示，数值为 z_{10}。

若担保公司存在失信记录，则该项得分为 0；

若担保公司不存在失信记录，则该项得分 c_{10}。

在当前的 IFRM 投资价值综合评价指标体系中，c_{10} 为 10 分。

4.3.3　资金托管程度

本项指标满分为 c_{11}，数值为 z_{11}。

若无资金托管，则本项得分为 0；

若 z_{11} 为银行托管，则本项得分为 c_{11}；

若 z_{11} 为第三方支付机构托管，则本项得分为 $c_{11}/2$。

在当前的 IFRM 投资价值综合评价指标体系中，c_{11} 为 30 分。

4.3.4　IT 技术

本指标主要考察平台的 IT 安全。主要下设 3 项三级指标，分别为技术研发能力、信息安全漏洞出现后的处置应对能力、服务器等硬件实力。

4.3.4.1　技术研发能力

本项指标满分为 c_{12}，用技术研发人数占比来表示，数值为 z_{12}。

若 $z_{12} \leqslant 10\%$，则该项得分为 0；

若 $10\% < z_{12} \leqslant 25\%$，则该项得分为 $c_{12}/2$；

若 $25\% < z_{12} \leqslant 50\%$ 或者 $z_{12} > 50\%$，则该项得分为 c_{12}。

在当前的 IFRM 投资价值综合评价指标体系中，c_{12} 为 20 分。

4.3.4.2　信息安全漏洞出现后的处置应对能力

本项指标满分为 c_{13}，数据指标为信息安全漏洞出现后是否有处置能力，数值用 z_{13} 表示。

若无处置能力，则该项得分为 0；

若有处置能力，则该项得分为 c_{13}。

在当前的 IFRM 投资价值综合评价指标体系中，c_{13} 为 20 分。

4.3.4.3　服务器等硬件实力

本项指标满分为 c_{14}，代表性的指标为是否用独立服务器，数值为 z_{14}。

若不使用独立的服务器，则该项得分为 0；

若使用独立的服务器，则该项得分为 c_{14}。

在当前的 IFRM 投资价值综合评价指标体系中，c_{14} 为 10 分。

4.4　信息透明度

本一级指标是平台投资价值考察的重点之一，下设 3 项二级指标，分别为平台标的信息公开程度、平台管理信息公开程度和外部监管力度。

4.4.1　平台标的信息公开程度

本项目指标下设 3 项三级指标，分别为标的详情公开程度、历史交易明细可追溯程度和逾期黑名单公开程度。

4.4.1.1　标的详情公开程度

本项指标满分为 d_1，数值为 m_1，根据该平台标的详情的公开程度来评分。

若 m_1 表现为平台标的仅仅公布简单的基础资料，无任何标的相关附件，则该项得分为 0；

若 m_1 表现为平台标的部分资料，公布部分标的资料，则该项得分为 $d_1/2$；

若 m_1 表现为平台标的部分资料，公布全部标的资料，则该项得分为 d_1。

在当前的 IFRM 投资价值综合评价指标体系中，d_1 为 60 分。

4.4.1.2　历史交易明细可追溯程度

本项指标满分为 d_2，数值为 m_2。通过历史交易明细的时间范围来评判。

若 m_2 为平台自运营以来至今的时间，全部历史交易明细均可见，则评分为 d_2；

若 m_2 为平台自运营以来至今的 1/2 左右的时间，则评分为 $d_2/2$；

否则，评分为 0。

在当前的 IFRM 投资价值综合评价指标体系中，d_2 为 20 分。

4.4.1.3 逾期黑名单公开程度

本项指标满分为 d_3，数据指标为是否公布借款人逾期黑名单，数值为 m_3。

若不公布借款人逾期黑名单，则该项得分为 0；

若公布借款人逾期黑名单，则该项得分为 d_3。

在当前的 IFRM 投资价值综合评价指标体系中，d_3 为 20 分。

4.4.2 平台管理信息公开程度

本二级指标主要考察平台的管理信息的公开程度。下设运营团队、论坛公开信息披露、年报或季报信息披露情况 3 项指标。

4.4.2.1 运营团队

运营团队的公开程度可以通过 7 项指标来判别，分别为运营团队基本情况公开程度、高管团队是否真实参与运营管理、运营团队金融背景实力、运营团队互联网背景实力、运营团队风控背景实力、运营团队学历、运营团队从业年限等情况。

（1）运营团队基本情况公开程度

本项指标满分为 d_4，数据指标为是否公布运营团队资料，数值为 m_4。

若不公布运营团队资料，则该项得分为 0；

若公布运营团队资料，则该项得分为 d_4。

在当前的 IFRM 投资价值综合评价指标体系中，d_4 为 10 分。

（2）高管团队是否真实参与运营管理

本项指标满分为 d_5，数据指标为高管团队是否真实参与运营管理，数值为 m_5。

若高管团队全部未真实参与运营管理，则该项得分为 0；

若仅部分高管团队参与真实的运营管理，则该项得分为 $d_5/2$；

若全部高管参与真实运营管理，则该项得分为 d_5。

在当前的 IFRM 投资价值综合评价指标体系中，d_5 为 10 分。

（3）运营团队金融背景实力

本项指标满分为 d_6，数据指标为运营团队是否有金融背景，数值为 m_6。

若运营团队无金融背景，则该项得分为 0；

若运营团队部分有金融背景，则该项得分为 $d_6/2$；

若运营团队全部有金融背景，则该项得分为 d_6。

在当前的 IFRM 投资价值综合评价指标体系中，d_6 为 5 分。

（4）运营团队互联网背景实力

本项指标满分为 d_7，数据指标为运营团队是否有互联网背景，数值为 m_7。

若运营团队无互联网背景，则该项得分为 0；

若运营团队部分有互联网背景，则该项得分为 $d_7/2$；

若运营团队全部有互联网背景，则该项得分为 d_7。

在当前的 IFRM 投资价值综合评价指标体系中，d_7 为 5 分。

（5）运营团队风控背景实力

本项指标满分为 d_8，数据指标为运营团队是否有风控背景，数值为 m_8。

若运营团队无风控背景，则该项得分为 0；

若运营团队部分有风控背景，则该项得分为 $d_8/2$；

若运营团队全部有风控背景，则该项得分为 d_8。

在当前的 IFRM 投资价值综合评价指标体系中，d_8 为 10 分。

（6）运营团队学历

本项指标满分为 d_9，运营团队的平均学历分表现为 m_9，本项指标分为 4 档。平均学历分 m_9 根据每个运营团队成员的学历得分进行计算，学历为本科以下为 1，普通本科为 2，重点院校本科或者海归本科为 3，硕士为 4，博士及以上为 5。

若 $0 < m_9 \leqslant 1$，则本项指标评分为 0；

若 $1 < m_9 \leqslant 3$，则本项指标评分为 $d_9/3$；

若 $3 < m_9 \leqslant 4$，则本项指标评分为 $2 \times d_9/3$；

若 $m_9 > 4$，则本项指标评分为 d_9。

在当前的 IFRM 投资价值综合评价指标体系中，d_9 为 10 分。

（7）运营团队从业年限

本项指标满分为 d_{10}，运营团队的平均从业年限表现为 m_{10}，本项指标分为 4 档。平均学历分 m_{10} 根据每个运营团队成员的学历得分进行计算，从业年限一年以内为 1，从业年限 1～3 年为 2，从业年限 3～5 年为 3，从业年限 5～8 年为 4，从业年限 8 年以上为 5。

若 $0 < m_{10} \leqslant 1$，则本项指标评分为 0；

若 $0 < m_{10} \leqslant 3$，则本项指标评分为 $d_{10}/3$；

若 $3 < m_{10} \leqslant 4$，则本项指标评分为 $2 \times d_{10}/3$；

若 $m_{10} > 4$，则本项指标评分为 d_{10}。

在当前的 IFRM 投资价值综合评价指标体系中，d_{10} 为 10 分。

4.4.2.2　论坛公开信息披露

本项指标满分为 d_{11}，数据指标为有无论坛信息披露方式，数值为 m_{11}。

若无论坛信息披露方式，则该项得分为 0；

若有论坛信息披露方式，则该项得分为 d_{11}。

在当前的 IFRM 投资价值综合评价指标体系中，d_{11} 为 20 分。

4.4.2.3　年报或季报信息披露情况

（1）是否披露平台逾期率和坏账率

本项指标满分为 d_{12}，数据指标为是否披露平台逾期率和坏账率，数值为 m_{12}。

若未披露平台逾期率和坏账率，则该项得分为 0；

若披露了逾期率和坏账率，则该项得分为 d_{12}。

在当前的 IFRM 投资价值综合评价指标体系中，d_{12} 为 10 分。

（2）是否披露平台的运营数据

本项指标满分为 d_{13}，数据指标为是否披露平台逾期率和坏账率，数值为 m_{13}。

若未披露平台运营数据，则该项得分为 0；

若披露平台运营数据，则该项得分为 d_{13}。

在当前的 IFRM 投资价值综合评价指标体系中，d_{13} 为 10 分。

4.4.3　外部监管力度

外部监管力度从侧面反映了平台的信息透明度，反映平台的规范性。下设 5 个三级指标。分别为所获风投监管情况、投监会监管情况、政府监管情况、实名认证情况和 NFCS 合作情况。

4.4.3.1　所获风投监管情况

本项指标满分为 d_{14}，数据指标为是否有风投或上市公司监管，数值为 m_{14}。

若没有监管，则该项得分为 0；

若有监管，则该项得分为 d_{14}。

在当前的 IFRM 投资价值综合评价指标体系中，d_{14} 为 10 分。

4.4.3.2　投监会监管情况

本项指标满分为 d_{15}，数据指标为是否有投监会监管，数值为 m_{15}。

若没有监管，则该项得分为 0；

若有监管，则该项得分为 d_{15}。

在当前的 IFRM 投资价值综合评价指标体系中，d_{15} 为 10 分。

4.4.3.3　政府监管情况

本项指标满分为 d_{16}，数据指标为是否紧跟政府监管政策，数值

为 m_{16}。

若未紧跟政府监管政策，则该项得分为 0；

若紧跟政府监管政策，则该项得分为 d_{16}。

在当前的 IFRM 投资价值综合评价指标体系中，d_{16} 为 10 分。

4.4.3.4 实名认证情况

本项指标满分为 d_{17}，数据指标为是否有实名认证，数值为 m_{17}。

若无实名认证，则该项得分为 0；

若有实名认证，则该项得分为 d_{17}。

在当前的 IFRM 投资价值综合评价指标体系中，d_{17} 为 10 分。

4.4.3.5 NFCS 合作情况

本项指标满分为 d_{18}，数据指标为是否与 NFCS 合作，数值为 m_{18}。

若未与 NFCS 合作，则该项得分为 0；

若与 NFCS 合作，则该项得分为 d_{18}。

在当前的 IFRM 投资价值综合评价指标体系中，d_{18} 为 10 分。

4.5 用户体验感

本项下设 3 项二级指标，考察平台的用户体验感。分别为平台体验满意度、收益满意度和社会舆情。

4.5.1 平台体验满意度

本指标考察的是用户的体验感，下设 8 项三级指标。

4.5.1.1 平台操作便捷度

本项指标满分为 e_1，表现为投资人对平台操作的体验情况。数据指标为试验过程中，数名投资人进行平台整套注册、充值、投资、提现等流程操作下来所需平均时间，数值为 n_1，单位为小时。

若 $n_1 > 4$，则该项得分为 0；

若 $2 < n_1 \leqslant 4$，则该项得分为 $e_1/3$；

若 $1 < n_1 \leqslant 2$，则该项得分为 $2 \times e_1/3$；

若 $n_1 \leqslant 1$，则该项得分为 e_1。

在当前的 IFRM 投资价值综合评价指标体系中，e_1 为 10 分。

4.5.1.2 充值便捷度

本项指标满分为 e_2，表现为是否多渠道充值，数值为 n_2。

若只能单一渠道充值，则该项得分为 0；

若多渠道充值，但是仍然不全，则该项得分为 $e_2/2$；

若完全多渠道充值，则该项得分为 e_2。

在当前的 IFRM 投资价值综合评价指标体系中，e_2 为 5 分。

4.5.1.3 提现便捷度

本项指标满分为 e_3，表现为提现到账时间，数值为 n_3，单位为小时。

若 $n_3 > 48$，则该项得分为 0；

若 $24 < n_3 \leqslant 48$，则该项得分为 $e_3/3$；

若 $12 < n_3 \leqslant 24$，则该项得分为 $2 \times e_3/2$；

若 $n_3 \leqslant 12$，则该项得分为 e_3。

在当前的 IFRM 投资价值综合评价指标体系中，e_3 为 5 分。

4.5.1.4 有无移动端

本项指标满分为 e_4，数值为 n_4。

若无移动端，则该项得分为 0；

若有移动端，则该项得分为 e_4。

在当前的 IFRM 投资价值综合评价指标体系中，e_4 为 5 分。

4.5.1.5 网站公告及时性

本项指标满分为 e_5，数据指标为网站公告的频率，即公告平均间隔时间，数值为 n_5，单位为天。

若 $n_5 > 15$，则本项得分为 0；

若 $7 < n_5 \leqslant 15$，则该项得分为 $e_5/3$；

若 $3 < n_5 \leqslant 7$，则该项得分为 $2 \times e_5/2$；

若 $n_5 \leqslant 3$，则该项得分为 e_5。

在当前的 IFRM 投资价值综合评价指标体系中，e_5 为 5 分。

4.5.1.6 客服的服务态度

本项指标满分为 e_6，数据指标为是否有关于客服服务态度的负面消息，数值为 n_6。

若有关于客服服务态度的负面消息，则该项得分为 0；

若没有关于客服服务态度的负面消息，则该项得分为 e_6。

在当前的 IFRM 投资价值综合评价指标体系中，e_6 为 5 分。

4.5.1.7 处理问题效率

本项指标满分为 e_7，数据指标为反馈问题得到解决的时间，数值为 n_7，单位为小时。

若 $n_7 > 24$，则该项得分为 0；

若 $8 < n_7 \leqslant 24$，则该项得分为 $e_7/3$；

若 $4 < n_7 \leqslant 8$，则该项得分为 $2 \times e_7/2$；

若 $n_7 \leqslant 4$，则该项得分为 e_7。

在当前的 IFRM 投资价值综合评价指标体系中，e_7 为 10 分。

4.5.1.8 是否有在线交流系统

本项指标满分为 e_8，指标为是否有在线交流系统，交流是否活跃，数值为 n_8。

若没有在线交流系统，则该项得分为 0；

若有在线交流系统，但是交流不活跃，则该项得分为 $e_8/2$；

若有在线交流系统且交流活跃，则该项得分为 e_8。

在当前的 IFRM 投资价值综合评价指标体系中，e_8 为 5 分。

4.5.2 收益满意度

本指标考察的是用户的收益满意度体验。下设平台利率水平和投资人交易费用。

4.5.2.1 平台利率水平

本指标满分为 e_9，数据指标为近期三个月的日平均利率，数值为 n_9。

若 $n_9 < 10\%$，则本项指标评分为 $e_9/3$；

若 $10\% \leqslant n_9 < 15\%$，则本项指标评分为 $2 \times e_9/3$；

若 $n_9 \geqslant 15\%$，则本项指标评分为 e_9。

在当前的 IFRM 投资价值综合评价指标体系中，e_9 为 10 分。

4.5.2.2 投资人交易费用

本指标考察的是用户投资时付出交易费用的体验感，包括利息管理费、债权转让手续费等，这里用利息管理费指标来表示。本项指标满分为 e_{10}，数值为 n_{10}。

若有利息管理费，且利息管理费较高，则该项得分为 0；

若有利息管理费，但利息管理费较低，则该项得分为 $e_{10}/2$；

若无利息管理费，则该项得分为 e_{10}。

在当前的 IFRM 投资价值综合评价指标体系中，e_{10} 为 10 分。

4.5.3 社会舆情

本指标从侧面反映平台的用户体验感，本项指标满分为 e_{11}，对于风控而言，负面舆情是其最主要的评判标准，用负面舆情占搜索词条的比重来表示，数值为 n_{11}。

若 $n_{11} > 90\%$，则本项指标评分为 0；

若 $50\% \leqslant n_{11} < 90\%$，则本项指标评分为 $e_{11}/3$；

若 $10\% \leqslant n_{11} < 50\%$，则本项指标评分为 $2 \times e_{11}/3$；

若 $n_{11} < 10\%$，则本项指标评分为 e_{11}。

在当前的 IFRM 投资价值综合评价指标体系中，e_{11} 为 10 分。

P2P 企业投资价值综合评价与分析

5.1 P2P 企业投资价值综合评价数据筛选和处理

5.1.1 综合评价样本选择和数据筛选

本课题最原始的样本为 2000 多家 P2P 企业。截至 2016 年 7 月底,我国共有 4000 多家在营的 P2P 企业,从事 P2P 网贷业务。课题组搜集了其中 2417 家 P2P 网贷平台作为原始样本。后续数据样本的选择采取层层筛选剔除的办法。

第一步为初步的简单判断。以道德风险和表面的可持续经营风险两项概况指标对这 2417 家 P2P 网贷平台进行过滤筛选,所选 P2P 企业基本排除掉基本道德风险和表面可持续经营风险。2015 年 8 月,课题组完成第一轮 P2P 企业投资价值的样本选择,样本为其中 796 家。

第二步为 FOW 指标数据搜集和平台入选。课题组对上述 796 家企业进行 FOW 指标数据的搜集,依据判断准则,其中 160 家平台通过筛选。

第三步为 BTOSE 指标数据搜集(包括 O2O 线下尽调数据)。课题组针对入选的 160 家企业进行详细的 BTOSE 数据搜集,并从 2015 年 8 月至 2015 年 11 月,完成了其中 89 家企业的线下尽调数据采集。

5.1.2　综合评价数据处理

课题组通过 P2P 企业线上风险评估报告、线下尽调报告等方式，搜集到了大量原始数据并对之进行整理：采用"模糊综合评价法"的办法对第四章中涉及的所有 74 个三级指标进行评判打分，最后采用模糊综合评价方法得到最终的五大项二级指标（平台基础实力、平台运营实力、安全保障实力、信息透明度、用户体验感）的最终评分，这五大项二级指标与线下尽调小组给予尽调平台的 O2O 尽调加分项之和得到各 P2P 企业投资价值的综合评分。

（1）FOW 指标的数据处理简述

FOW 为定性入选指标，共 39 个，其中包括 12 个 F 指标、14 个 O 指标、13 个 W 指标。

F 指标为禁止类指标，一旦评判总评分大于 0（至少有一项的评分大于 0），即有禁止类指标出现，则直接不考虑投资；O 指标为观察类指标，一旦出现其中任意两项及以上指标所示情况，则与 W 预警类指标一起跟踪考察；W 指标为预警类指标，一旦出现其中任意两项及以上指标所示情况，则与 O 观察类指标一起跟踪考察平台，综合考虑是否进行下一步的评价。

（2）BTOSE 指标评分方法简述

BTOSE 指标为定量评价指标，是 IFRM 指标体系的第二步，本报告依据每项指标的定量化评分指南对所入选 P2P 企业进行评分。BTOSE 指标体系涉及 74 项三级指标，23 项二级指标，5 项一级指标（平台基础实力、平台运营实力、安全保障实力、信息透明度、用户体验感）。

（3）O2O 加分项简述

BTOSE 指标体系中部分指标数据需要通过 O2O 线下调研获得，是对线上风控程序的补充与矫正。BTOSE 五大项指标与线下尽调小组给予尽调平台的 O2O 尽调加分项之和得到各 P2P 企业投资价值的综合评分。

（4）DW 的数据处理

DW 指标体系主要作用于 P2P 企业的动态监测，包含大数据分析监测和舆情分析监测两大方面内容。其中，大数据分析监测主要通过计算机程序自动实现，舆情分析监测在计算机监测的基础上还需要通过人工进行实时跟踪和数据录入处理。具体操作上，先赋予 IFRM 体系下 FOW、BTOSE 各项指标一个 0 的初始值，在投资价值评价结束后，通过线上对这些指标的实时动态监测，根据各指标的最新变化情况，按照评分表进行打分。当某个 P2P 企业的 DW 得分超过设定的阈值时，就会自动发出投资价值评价结果更新的信号，这也是整个 IFRM 体系之所以为动态评价体系的根源所在，是本报告可持续发展的源头所在。

本章中先对综合评价的部分数据进行分析。在后续第六章和第七章中，针对背景和业务视角下的指标体系的数据采集以及处理方法，也采取以上同样的方法。

5.2 P2P 企业投资价值综合评价分析

5.2.1 样本数据分布特征

在入选 BTOSE 定量数据评价的 160 家平台当中，我们对其归属地、背景以及所属类别的占比进行分析，这 160 家样本的分布特征如下。

5.2.1.1 地域分布特征

我们将入选的这 160 家平台的注册地进行统计，其中一线城市仅指北京、上海、广州、深圳四地，二线城市指各省的省会城市，三线城市为其他地区。这 160 家平台的分布如图 5 - 1 所示。

如图 5 - 1 所示，在这 160 家平台中，北京、上海、深圳、广州四地的平台数量是 124 家，占样本的 78%，其他各省的省会城市数量是 31 家，占样本的 19%，其余地区数量仅仅为 5 家。就全国 P2P 网贷平台的分布而

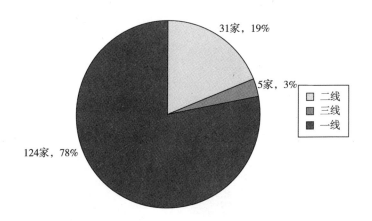

图 5-1　P2P 投资价值综合评价样本数据地域分布

言，50%以上的平台在北京、上海、深圳、广州四地，此次入选 BTOSE 的样本一线城市占比略超过 P2P 网贷行业的总体水平，究其原因是因为 P2P 在中国的发展中，这四地走在行业的前列。虽然 P2P 网贷行业问题平台频发，但是整体而言，无论是资源方面还是实力方面，一线城市的 P2P 企业都占据较大优势。

5.2.1.2　企业背景分布特征

我们对入选的 160 家 P2P 企业按背景进行分类，由于银行背景的平台并不多，并且平台的运营方式和特点与国资系相类似，因此我们也将银行背景平台归入到国资系当中。

如图 5-2 所示，在这 160 家平台中，国资背景的平台占比 10%，上市背景平台占比 19%，风投背景平台占比 22%，众筹系平台有 1 家入选，在后续的分析中，该平台纳入到民营系当中，其他平台归类于民营系，样本占比为 49%。从以上分布来看，入选 BTOSE 定量评价体系的 160 家平台中，民营系平台占比大约为一半，上市系、国资系、风投系平台共占比一半。

基本上民营系列的特点已经具备了 P2P 行业的特点，因此，后续第六章中我们将针对国资、上市、风投系列的 P2P 企业特征进行重点分析。

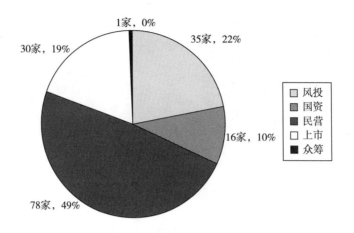

图 5 – 2   P2P 投资价值综合评价样本背景分布

5.2.1.3   资产业务分布特征

我们对这 160 家 P2P 企业进行资产业务分类，分别为车贷、房贷、小微信贷、P2F 类，在进行类别判定时选择该企业主要的资产来源，若多种业务占比比较均衡，则归入到其他混合型系列。P2F 类主要是指业务来源是多家合作机构，如融资租赁、保理、小贷担保公司业务合作、企业票据等类别。

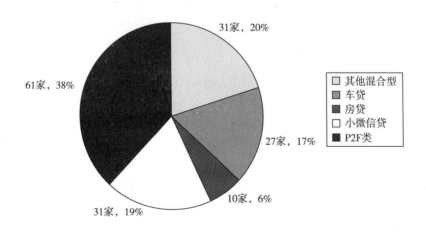

图 5 – 3   P2P 企业投资价值资产业务类型分布

如图 5 – 3 所示，在入选 BTOSE 定量评价的 160 家平台中，小微信贷类企业占比 19%，车贷业务企业占比为 17%，房贷业务企业占比 6%，P2F 类型业务企业占比 38%，其他混合类业务企业占比 20%。

5.2.2 入选 BTOSE 体系的 P2P 企业投资价值特征分析

在对 160 家 P2P 企业投资价值各项指标评分后，这些入选平台基本上表现出一些特征，现在我们对一些重要特征进行分析。

5.2.2.1 基础实力特征

P2P 企业的基础实力包括成立时长、资本、背景、标的等多方面。在综合评价中，我们简单分析一下入选样本的成立时长和资本方面与行业整体情况的特点。背景及标的等方面的特征后续将结合相应的背景和业务逻辑进行分析。

据不完全统计，截至 2015 年 8 月，全国 P2P 企业平均注册资本大约为 1500 万元，近两年，全国 P2P 网贷行业平均每个月新增平台数量为 200多家，所以 P2P 网贷平台的平均成立时长大约为 12 个月。而入选 BTOSE定量评价的 160 家企业中，这两项数据远高于行业平均值。

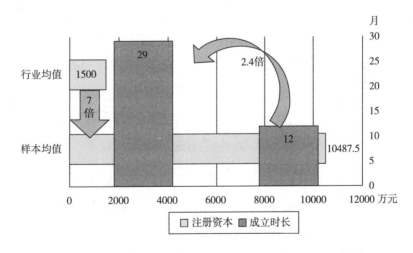

图 5 – 4 入选企业注册资本和成立时长与行业平均水平比较

如图 5-4 所示，入选 BTOSE 定量评价的平台注册资本是行业平均水平的 7 倍，成立时长是行业平均水平的 2.4 倍。从这两组数据可以看出，注册资本和企业成立的时长在一定程度上反映了平台的基础实力以及可持续经营性。

5.2.2.2　基本运营数据特征

P2P 企业的基本运营情况包括平台的贷款余额、现金流、借款和投资人集中度等多方面的数据。我们现在对这 160 家平台的贷款余额、借款集中度、投资集中度的特点进行分析。

截至 2016 年 6 月底，中国 P2P 行业的成交量已经突破万亿元，总贷款余额突破 6000 亿元，因此，中国 4000 家 P2P 企业的平均贷款余额为 1.5 亿元左右，而入选的 160 家企业的平均贷款余额为 17.9 亿元，远高于行业平均水平。此外，据统计，入选的 160 家企业的前十名的投资人占比均值为 18%，前十名借款人贷款占比均值为 31.7%。

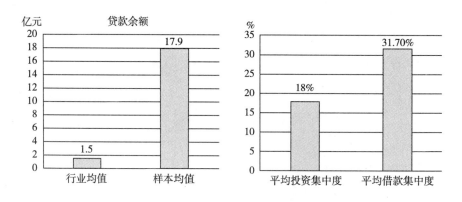

图 5-5　P2P 企业基本运营数据

如图 5-5 所示，入选的 160 家企业平均贷款余额远高于行业平均水平，因此，从发展规模来看，入选的平台的运营情况普遍高于行业平均水平。平台的平均投资集中度为 18%，平均借款集中度为 31.7%，整体而言，通过 FOW 指标体系筛选的 P2P 企业的投资集中度和借款集中度处于企业可持续经营的合理范围之内。

5.2.2.3　保障方式特征

排除业务抵（质）押等保障方式之外，中国 P2P 网贷平台资金的保障方式主要是指平台风险准备金和担保公司或者合作机构回购等保障方式。从投资人的角度而言，排除道德风险后，平台的多重保障方式一定程度上可以增信；对于平台而言，合作机构选择得当，平台自身的风险可以降低。以下是入选 BTOSE 定量评价的 160 家平台风险准备金和是否有担保或合作机构担保的情况。

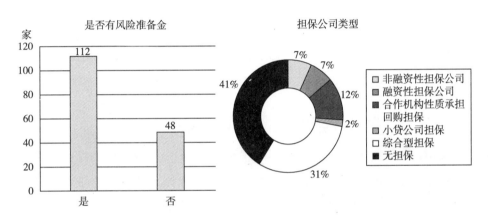

图 5 - 6　P2P 企业保障方式分布情况

如图 5 - 6 所示，入选 BTOSE 定量评价的 160 家 P2P 企业中 112 家有平台风险准备金，48 家无风险准备金，并且，有担保公司占比为 59%，其中，7% 为融资性担保公司担保，7% 为非融资性担保公司担保，12% 为合作机构性质承担回购担保，2% 为小贷公司担保，31% 为多种类型的综合担保。

5.2.2.4　用户体验感

信息透明度指标主要为 P2P 网贷平台业务以及运作上的考察指标，各类背景和业务的这类考察指标存在着不同的侧重点和较大的差异性。因此，在本章的综合评价中不进行特别的分析。用户体验感包括了对平台的页面以及操作等方面的体验，其体验的另一方面主要体现在利率方面。截至 2016 年 7 月，据不完全统计，当前行业的平均利率水平大概为 10%。而入选 BTOSE 定量指标体系的平台的综合利率为 12.65%。入选平台的利率水平与整个行业的水平相比要高一点。

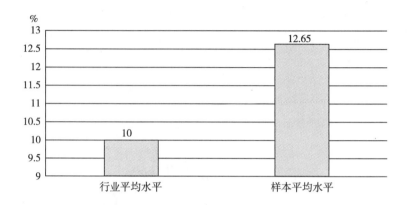

图 5 - 7　P2P 企业投资利率综合水平比较

如图 5 - 7 所示，行业平均利率水平为 10%，入选平台的综合利率为 12.65%。由此可见，入选 BTOSE 定量评价指标体系的 P2P 企业的整体收益水平并不比行业平均水平低，甚至高于行业平均水平。

5.2.3　未入选 BTOSE 体系的 P2P 企业投资风险分析

未入选 BTOSE 指标体系的 P2P 企业，其原因在于不符合 FOW 体系标准，换言之，企业数据不符合 F 类（禁止）、O 类（观察）、W 类（预警）的一类或者多类。根据统计，未入选企业不符合 F 类、O 类、W 类的分布情况如图 5 - 8 所示。

未入选 BTOSE 指标体系的 P2P 企业中，32.8% 为禁止类，76.5% 为观察类，52.3% 为预警类。

5.2.3.1　未入选企业 F 类（禁止）风险分析

F 类指标属于禁止类指标，该类指标下全部指标属于禁止投资类指标，一共有 12 项指标，一旦出现其中一项则直接不考虑投资，根据统计，F 类（禁止）风险分布特征如图 5 - 9 所示。

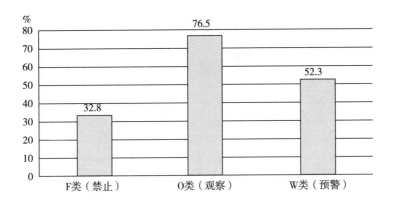

图 5 - 8   未入选企业的 FOW 指标筛选

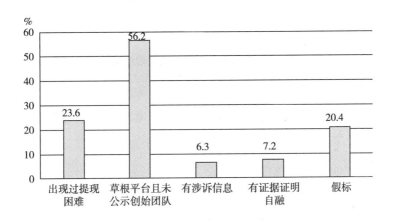

图 5 - 9   未入选企业的 F 类风险分布特征

从数据统计可以看出，草根平台且未公示创始团队这一指标占比最高，达到 56.2%，其原因在于发展初期行业门槛低，难免存在良莠不齐的现象；第二、第三分别为出现过提现困难和假标，分别为 23.6% 和 20.4%；自融是 P2P 投资的重大风险，但是有证据证明自融指标占比较低，其原因在于自融存在一定的隐蔽性，寻找证据甚至需要实地调研。

5.2.3.2   未入选企业 O 类（观察）风险分析

O 类指标属于观察类指标，该类指标下包含 14 项指标，该类指标中如果出现了其中两项及以上指标就需要考虑与 W 类指标综合考察，根据统计，O 类（禁止）下占比最高的前五大指标风险分布特征如图 5 – 10 所示。

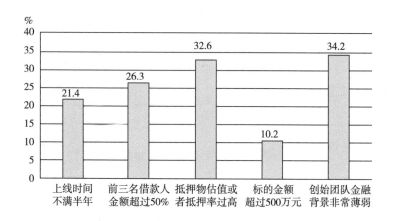

图 5 – 10　未入选企业的 O 类风险分布特征

从数据统计可以看出，创始团队金融背景非常薄弱这一指标占比最高，达到 34.2%，其原因在于互联网金融的本质仍然是金融，金融的核心——风控水平的建设需要有相关背景的人员加入；第二、第三分别为抵押物估值或者抵押率过高以及前三名借款人金额超过 50%，分别为 32.6% 和 26.3%，抵押物估值过高则投资者将面临抵押物不足以清偿借款人债务的风险。值得注意的是，上线时间不满半年这一指标占比为 21.4%，投资者需关注新成立 P2P 网贷企业的长期可持续运营能力。

5.2.3.3　未入选企业 W 类（预警）风险分析

W 类指标属于预警类指标，该类指标下包含 13 项指标，该类指标中如果出现了其中两项及以上指标，则也需要与观察类指标一起考察。根据统计，W 类（预警）下占比最高的前五大指标风险分布特征如图 5 – 11 所示。

从数据统计可以看出，现金流连续四周为负这一指标占比最高，达到 35.5%，其原因在于现金流是平台可持续发展的重要指标，在平台出现问

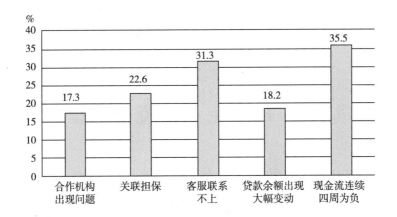

图 5 – 11　未入选企业的 W 类风险分布特征

题前现金流很大概率会先于平台出现征兆；第二、第三分别为客服联系不上以及关联担保，分别为 31.3% 和 22.6%，客服作为平台与外界联系的重要窗口，投资者需特别关注。排在第四位的合作机构出现问题多见于担保公司、小贷公司采取合作的 P2P 网贷企业。

6

背景视角下 P2P 企业投资价值评价及分析

6.1 背景视角下 P2P 企业特征简介

众所周知，中国 P2P 网贷行业的准入门槛比较低，监管措施迟迟未落地，但行业整体已经进入了井喷式的初级发展阶段，无论是新增平台数量、成交规模、投资人数、资本青睐度还是问题平台，都在呈类几何式增长，其中可谓是乱象丛生。

这对国内各 P2P 企业来说，可算是冰与火的煎熬与蜕变，机会与挑战并重。且各个网贷企业之间，也是既相互连接，又彼此竞争，在对抗行业系统性风险时团结一致，在面对非系统性风险时又相互竞争。这种关系集中表现在各 P2P 企业不约而同地在企业/资产端方面纷纷引入了兜底、担保、保险、风投等增信措施，在客户端方面纷纷采取了注册红包、投资奖励、抽奖活动等红利措施抢占市场。当然，无论是合作还是竞争，最后的落脚点始终离不开平台的风险管理实力和运营实力。其中，企业运营实力很大程度上依赖于股东的背景实力，故而可以看到，风投系、上市系、国资系等名词逐渐成为 P2P 网贷行业的热门讨论话题。这并非无的放矢，对于一个缺乏监管、缺乏门槛的行业来说，强大的股东实力以及相关的法律约束，能尽可能地降低平台的道德风险。正因为如此，股东实力也就成为了衡量中国 P2P 企业整体实力的重要考量指标。

根据 P2P 网贷平台的股东背景属性，可将其分为国资、上市、风投、众筹、银行和民营六大类，其中银行又多与国资挂钩，为了凸显层次，本课题将银行类一律划归到国资系里。需要注意的是，基于背景的平台分类，最开始并非基于 P2P 企业的成立过程，而是基于其运营过程中的股权投资行为，且这种分类是属于中国特色的平台分类方法。换言之，在 P2P 网贷的起源地——欧美，是不存在国资系／上市系／风投系等分类方法的，其常规的运作模式是通过风投获得融资，做大做强后上市。当然，这是以其较为完善的融资体系为基础的。

以美国 Lending Club 为例，公司成立之前，融资就开始了，从 2006 年 10 月一直持续到 2007 年 3 月，成果是 Laplanche 用个人和 Matchpoint（Laplanche 创建的公司，后被 Oracle 收购）一些投资者的 200 万美元在 2007 年成立了这家公司，主要用于团队建设、执照申请和技术开发，至于推广平台，这笔资金还远远不够。因缘巧合下，Laplanche 结识了 Ciporin，并通过自己的能力于 2007 年 8 月获得了迦南资本和西北投资共计 1000 万美元的 A 轮融资；之后的证券交易注册申请消耗了 A 轮融资大部分的资金，2009 年 Lending Club 开始了第二轮融资，于 2009 年 3 月拿下了由 Morgenthaler Venture 领投的 1200 万美元的 B 轮融资，且迦南资本和西北投资也跟进了 B 轮投资；2010 年 4 月，基础资本和之前几个机构共同发起了 2450 万美元的 C 轮融资，同年 Lending Club 成立了 LG Advisor 投资管理公司，并在 2011 年通过信托方式持有了 CCF（Conservative Credit Fund）和 BBF（Broad Based Fund）两只保守信贷基金；2011 年 3 月，获得由风投合广投资（Union Square Ventures）和汤森路透集团（Thomson – Reuters）投资的 2500 万美元的 D 轮融资；2012 年 6 月，凯鹏华盈（KPCB）和摩根士丹利前 CEO 个人对 Lending Club 分别进行了 1500 万美元和 250 万美元的股权投资；2013 年 5 月，谷歌的创业后期投资部门 Google Capital 和基础资本对 Lending Club 进行了战略投资，金额高达 1.25 亿美元；2014 年 4 月，Lending Club 进行了最后一轮股权融资，由黑石公司、RowePrice 集团、

Sands 资本公司以及威灵顿管理公司参与投资。2014 年 12 月，Lending Club 进行 IPO，避开了各州证券法律对其的限制（蓝天豁免，Blue Sky Exemption），投资人不再局限在以往被批准的 28 个州里，大大开拓了市场，且 IPO 首日 Lending Club 市值已经高达 85 亿美元。

　　回到国内，融资环境还不是很完善，风险投资机构数量以及完善程度均比不上欧美地区，但是融资渠道却并不比欧美地区少。也就是说，风投并非国内 P2P 企业获得融资提高增信的主要渠道，向国资企业或上市企业靠拢成为了各企业选择的主要通道，当然，这是基于国资企业或上市企业有通过对 P2P 企业的股权投资从而进入互联网金融领域的业务需求。

　　此外，风投系的产生和国资/上市系是有所差别的。首先，出发点不同，风投是基于资本的逐利性，而国资/上市企业的入股更多的是基于企业本身的发展；其次，投资方向不同，风投逐利的属性导致其资本流向有"赚钱效应"的行业中去，而国资/上市企业的资本流向是经济的实体价值和趋势价值，热门的行业不一定是赚钱的行业；最后，目的不同，风投系平台的终点是上市套现，国资/上市系的终点是紧跟时代趋势，保持企业的生命力。

　　需要特别注意的是，判断平台背景属性的唯一标准是股权结构。具体而言，国资系是指那些有被国有资本直接或间接控股的平台；上市系是指有被国内、香港或海外上市公司直接或间接控股的平台，风投系是指有被 PE/VC 等风投机构控股的平台，众筹系是指有不特定人群认购了股权的平台。

　　当然，这种分类方式在结果上会呈现一定的交叉，如陆金所，其背后有上市公司间接控股，而该上市公司又含有国资成分。对于这种现象，本课题一律以股份占比数量为依据，用占股最大的属性为其定性。通过分析得出银行系与国资系的平台运作模式和特点相似，并且纯正的银行系 P2P 企业较少，因此将银行系全部划归为国资系。

6.2　各背景视角下 P2P 企业投资价值评价分析

在入选 BTOSE 指标体系的 160 家平台中，国资系平台占比 10%，上市系平台占比 19%，风投系平台占比 22%，民营系平台占比 49%。各种背景的平台在某些方面存在一些特点。

6.2.1　基础实力特征

我们对各背景下的注册资本和成立时长进行统计分析，对比情况如图 6-1 所示。

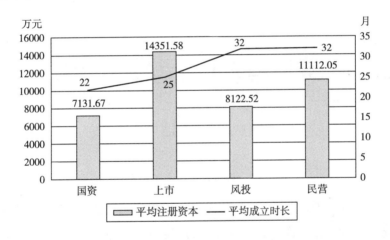

图 6-1　背景分类下 P2P 企业注册资本和平均成立时长对比

如图 6-1 所示，入选 BTOSE 定量评价体系的 160 家 P2P 企业中，国资系企业的平均注册资本为 7131.67 万元，上市系的平均注册资本为 14351.58 万元，风投系的平均注册资本为 8122.52 万元，民营系的平均注册资本为 11112.05 万元。从成立时长的角度分析，国资系的 P2P 企业的平均成立时间有 22 个月，上市系的平均成立时间有 25 个月，风投系和民营系的平均成立时间均为 32 个月。

从对比情况看，民营系和风投系的平台的成立时长普遍长于国资系和上市系，其主要原因在于 P2P 网贷行业是新兴行业，国资系和上市系晚于风投机构进入这个行业。上市系的平台平均注册资本最高，达到了 1.4 亿元，这与整个金融市场的资本容量比例相关。

6.2.2 基本运营数据特征

贷款余额基本可以反映 P2P 平台的运营规模，投资和借款集中度基本可以反映平台极端情况下的应对风险。

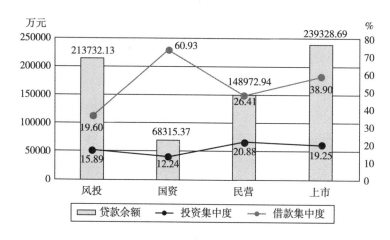

图 6-2　各背景企业运营数据对比

如图 6-2 所示，上市系平均贷款余额为 23.9 亿元，风投系平均贷款余额为 21.4 亿元，国资系的贷款余额是所有类别中最低的，为 6.8 亿元，民营系的贷款余额处于中等水平。从投资角度看，各类背景的平台投资集中度比较均衡，均在 18% 左右；但是各类背景的平台借款集中度存在较大差异，国资系的借款集中度最高，为 60.93%，风投系的借款集中度是最低的，为 19.6%。借款集中度的差异主要源自于各平台的主要业务逻辑特点。

6.2.3 保障方式特征

我们将各背景平台有无风险准备金和有无第三方担保进行数据统计，

如图 6－3 所示。

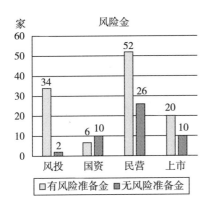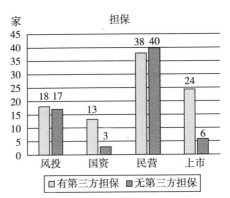

图 6－3　各背景企业保障方式对比

如图 6－3 所示，入选的 160 家平台中，风投系的 P2P 网贷平台有风险准备金的占比最高，国资系的恰恰相反，其有风险准备金的占比最低；另一方面，上市系和国资系中有第三方机构担保的占比最多，而风投和民营系有第三方担保的几乎占一半。平台的保障方式与平台的业务逻辑有很大关联。国资系和上市系进入 P2P 网贷行业较为显著的目的是铺设供应链金融道路，业务主要是企业贷款，企业贷款多数有第三方机构担保，或者业务来源于合作机构，由合作机构承担回购担保，因此，国资系和上市系有第三方机构担保的占比较大。

6.2.4　用户体验感

针对各背景下平台的平均利率水平进行统计分析，如图 6－4 所示。

如图 6－4 所示，当前 P2P 网贷行业的平均利率水平为 12%，入选 BTOSE 评价的 160 家平台中，民营系的利率水平是最高的，为 13.5%，国资系的利率水平是最低的，为 11.9%，风投系和上市系的平台基本与行业的平均水平持平。

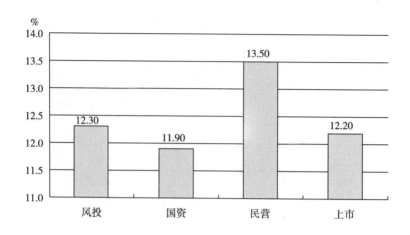

图 6 −4 各背景平台的利率水平

6.2.5 投资价值综合评价

入选 BTOSE 综合评价体系的 160 家平台，加上 O2O 加分项，我们可以得到每个平台的综合得分，各背景的平台的投资价值综合评分的平均分如图 6 −5 所示。

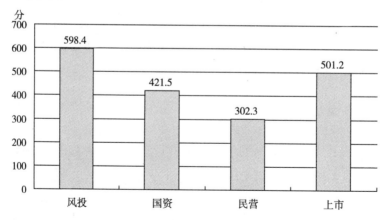

图 6 −5 各背景 P2P 企业投资价值综合评分对比

如图 6 − 5 所示，160 家平台中，风投系平台的综合评分最高，为 598.4 分，上市系的综合评分第二，为 501.2 分，第三是国资系，为 421.5

分，排名最后的为民营系，综合评分为 302.3 分。从这几类企业的综合评分可以看出，入选平台中风投系、国资系、上市系的平台大部分属于可投资范围之内，民营系平台多且杂，在投资平台的甄选上需要更加注意。

6.3　国资系 P2P 企业投资价值评价及分析

6.3.1　国资系 P2P 企业环境背景

国有资本投资 P2P 网贷企业，主要包括三种形态：全资、控股或战略投资。关于国有资本控股，国资委 2012 年公布了《国家出资企业产权登记管理暂行办法》，办法规定：国家出资企业、国家出资企业拥有实际控制权的境内外各级企业及其投资参股企业为国有控股企业。也就是说，国家出资企业直接或者间接合计持股比例超过 50%，或者持股比例虽然未超过 50%，但为第一大股东，并通过股东协议、公司章程、董事会决议或者其他协议安排能够实际支配企业行为的情形，可以被认定为国有控股。

国有资本入主 P2P 网贷行业，既是政策导向的结果，也是企业发展的要求，对 P2P 网贷平台来说，也是一重大增信渠道。因此，国资背景 P2P 网贷平台自上线之初，就受到了众多稳健性投资者的热情追捧。

但这个过程中，也出现了一系列问题，具体表现在：运营实力普遍较低，创新能力差。首先，几乎 80% 的国资系平台都是在 2014 年才成立的，运营时间较短；其次，在成交规模、投资人数等运营相关的数据指标上，远远落后于上市系、风投系等平台；最后，平台模式单一，大部分国资系平台的主营资产仍然以企业贷、信用贷和抵押贷为主，对平台运作新模式的探索和创新力度不够。

其实，国有企业在资源获取与整合上，是有其独特优势的。如何加深 P2P 网贷平台与国有企业的"化学反应"，加强二者的业务协同性，是国资系平台未来的重要探索方向。

6.3.2 国资系 P2P 企业投资价值分析

在 160 家平台中，国资系企业共 16 家，这 16 家平台中综合评分排在前五位的企业分别为开鑫贷、楚金所、博金贷、万盈金融和金开贷。现在我们针对这些国资系企业国资背景的占比情况进行统计，如图 6－6 所示。

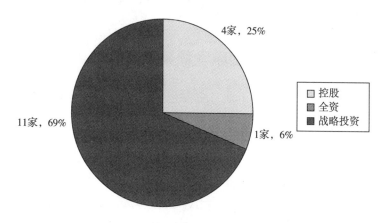

图 6－6 国资系平台股份占比情况

在入选 BTOSE 的 16 家国资系平台中，1 家是全资平台，4 家为控股平台，其他为战略投资平台，其中战略投资平台占比 69%。在综合排名前 5 的平台中，开鑫贷和民贷天下为国资控股，楚金所、博金贷和万盈金融是国资战略投资平台。

通过各项指标的分析，整体情况而言，国资背景平台的运营实力和信息透明度相对均较弱。下面是国资系平台标的的满标速度分析情况：国资系平台的运营能力普遍较差，这从国资系企业贷款余额规模最低可以看出，此外，平台的标的满标速度也基本可以看出国资系平台的标的情况以及投资人用户体验满意度程度。图 6－7 是各背景平台的标的满标速度对比。

如图 6－7 所示，国资系平台的满标时间最慢，平均满标时间为 35 万秒，可见，国资系平台的满标时间均值是 4 天，而风投系、上市系和民营系的平均满标时间都在 1 天以内。因此国资系 P2P 投资的资金流动性较

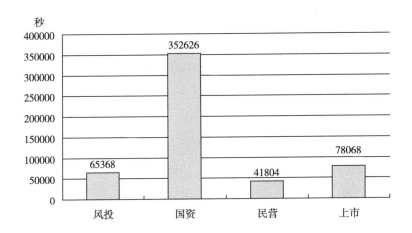

数据统计时间为 2015 年 12 月 7 日。

图 6 – 7　各背景 P2P 平均满标时间

差，人气和运营相对较差。

6.4　上市系 P2P 企业投资价值评价及分析

6.4.1　上市系 P2P 企业环境背景

据不完全统计，目前已有近 70 家 A 股上市公司曾经或正在与 P2P 网贷平台合作，但近期也出现了多起"分手"事件，最短的只有 20 天，如团贷网与浩宁达的闪离。

对此，本课题拟从合与离的不同角度，来着手分析这个类似 2015 年"花千股"般的 P2P 网贷行业乱象。

合的起因不难分析，上市公司方面，实体经济上行困难，互联网金融大行其道，且政府也多为鼓励，无论是出于赌博心态还是出于紧跟趋势，它都有向热门的 P2P 网贷行业伸手的诉求；平台方面，行业发展历程还比较短，大多平台选择了兜底、红包等烧钱抢占客户的方式，风险和收益不相匹配，导致普遍盈利状况不佳，无论是出于发展需求还是出于融资套现需求，与上市公司的合作既可以为其带来资金补给，又可以增信，并带来宣传效应和品牌效应。

相较于合，P2P 网贷企业与上市公司的离就显得有点五花八门了，但总的来说，无非是预期与现实存在差距，双方的需求得不到满足。从上市公司方面来说，与 P2P 的结合或是出于对行业的看好，或是响应政策号召，或是不落下任何一个可能是机会的机会，或是突破企业的业务发展瓶颈，或是趁着行业热度来增加一下自身的曝光度和知名度，或是炒概念搞资本运作抬高股价，或是单纯地跟投玩玩等。无论是哪个目的，对于正处在风口的 P2P 网贷行业，成本都是不小的，因此我们不难看到，很多合作协议往往在发布消息后就夭折了，要么是因为双方就合作内容达不成一致，要么是因为企业内部意见不统一。其中，业绩对赌协议的签订，可以算是造成合作不了了之的主要原因之一，绝大部分 P2P 平台都处于亏损的状态又使这个协议的签订成为了大概率事件。

其实，上市公司入股 P2P 网贷平台，其合作的结果关键取决于双方的协同效应，具体体现在人才、业务、模式和成果上的协同，其中又以业务协同为重中之重。

在本节中，我们将对上市系 P2P 企业的投资价值进行详细分析。

6.4.2　上市系 P2P 企业投资价值分析

入选 BTOSE 评价体系的 160 家平台中上市系 P2P 企业共有 30 家，占比 19%。其中排名前五的企业分别是陆金所、宜人贷、黄河金融、银湖网、东方金钰。现在我们对上市系的这 30 家平台的一些特征进行整体分析。图 6-8 是上市系 P2P 企业的占股类型分布。

如图 6-8 所示，在这 30 家上市系 P2P 企业中，上市公司全资的平台为 2 家，占比 7%，分别为黄河金融和银湖网；上市公司控股的平台为 13 家，占比 43%；上市公司战略投资的平台为 15 家，占比 50%。

通过各项指标以及前面的分析可以看出，上市系 P2P 网贷平台的业务

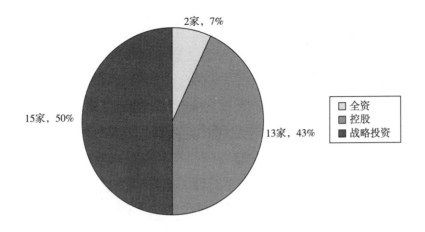

2家，7%

13家，43%

15家，50%

全资
控股
战略投资

图 6-8 上市系 P2P 企业股权类型分布

模式与国资系平台是较为接近的，均是担保机构或者第三方合作机构担保的运作模式较多，因此，有第三方担保的占比也较大。同时，上市系的运营能力比国资系平台整体要稍微好些，但是却比风投系的平台稍微差点，尤其是上市公司全资或者控股的平台。这与各类型平台的经营模式有一定的关系。主要体现为以下几个特点：

（1）从企业的综合评分排名来看，全资系的上市公司的综合评分不一定靠前，这与企业的运营模式相关，也与企业的核心产业相关。全资系上市公司下的 P2P 企业一般是其子公司，如果是非金融行业的实体行业进驻的，相关方面的人才的运作能力相对较差，因此，人气跟国资系，尤其是与全资系的国资系平台类似。

（2）上市系平台与国资系平台的业务来源于企业贷款的较多，由于其错综复杂的关联企业关系，第三方合作机构较多。因此，上市系和国资系的平台具有第三方担保的占比也较大。

（3）上市系平台，尤其是全资或者控股的企业，最大的特点在于平台的违约道德风险很低。

因此，尽管上市系平台的信息透明度和运营能力均相对较弱，对于投资人而言，这类企业投资价值的考察重点在于背景的真正实力以及相关联企业风险。图 6 - 9 是这 30 家上市公司实力情况。

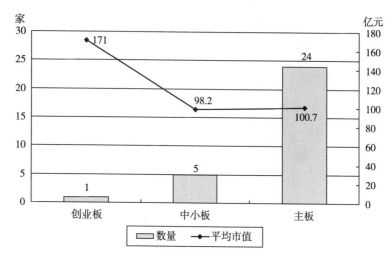

图 6 - 9   上市系 P2P 企业背景综合实力

如图 6 - 9 所示，这 30 家上市背景的平台中，主板上市的企业为 24 家，中小板上市的企业为 5 家，创业板上市的企业为 1 家，即黄河金融，其中主板上市公司背景的企业，其上市公司平均市值为 100.7 亿元。从以上情况可以看出，入住 P2P 网贷行业的上市公司的基本实力大多为市值 100 亿元左右企业，且大部分为主板上市企业。上市背景排名前五的 P2P 网贷平台只有黄河金融为创业板上市背景，其他四家均为主板上市公司背景企业。

6.5   风投系 P2P 企业投资价值评价及分析

6.5.1   风投系 P2P 企业环境背景

据不完全统计，国内目前至少有 180 余家与 P2P 相关的公司获得了风投，其中不乏金额在千万美元级别以上的融资。2005 年，信用宝获得天使投资 105 万元（2006 年、2007 年相继获得 A、B 轮融资），拉开了风投机构投资 P2P 企业的序幕。2011 年以后，获得风投的 P2P 网贷平台数量大幅上升，2014 年达到了 38 家。进入 2016 年，截至 6 月 20 日，有 181 家 P2P 网贷平台获得投资，共实现了 254 次融资，分别是天使轮 40 次（含天使轮＋），Pre－A 轮 8 次，A 轮 152 次（含 A＋轮），B 轮 35 次（含 B＋轮），C 轮 10 次，被并购 1 次，挂牌新三板 7 次，IPO 上市 1 次。

其实，风投机构的资本投入完全是基于趋利的目的，P2P 网贷行业刮起的这股风投热，一方面体现了该行业良好的发展前景，另一方面，其投入程度会随着投资企业运营状况的变化而变化。

从 P2P 网贷企业的角度看，理论上来说，风投的加入，能充裕平台的运营资金，提高平台的现金流水平和风险承受能力，一定程度上能为平台增信。但事实上，风投的注资在平台运营管理上带来的作用，目前来说还很有限，且风投机构虽然加大了投资平台数量，但在投资金额上日渐趋向保守。归根结底，关键在于网贷企业对注入资本的运用方向和风投机构对网贷企业的协同程度。

从现实状况来说，引入风投后的各网贷企业们，出现了以下这样几种现象：一是大放福利，扩大投资人群覆盖范围，刷新数据；二是拓展资产来源，扩大经营规模；三是整合资源，进行模式创新，提高风险保障水平；四是引进人才，提高平台运营水平；五是产品创新，探索平台运营的商业模式；六是降息，通过增信风险的同时也降低收益率，在压低运营成本的同时尽量不引起投资者的反感。

从这些资金运作的方向，就不难理解，为什么同是获得风投机构的注资，结果却天差地别。

以下将对风投系企业进行详细分析。

6.5.2 风投系 P2P 企业投资价值分析

入选 BTOSE 评价体系的 160 家平台中风投系 P2P 企业共有 35 家，占比 22%。其中排名前五的企业分别是拍拍贷、积木盒子、有利网、玖富、人人贷。现在我们对风投系的这 35 家平台特征进行整体分析。

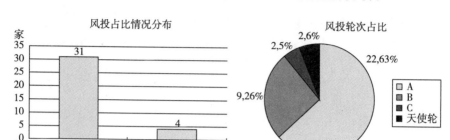

图6-10　风投背景占股分布及完成风投轮次情况

　　如图 6-10 所示，这 35 家平台中风投控股的平台仅为 4 家，其他均为战略投资，排名前五的风投背景平台均为战略投资型。风投轮次也是仅到 A 轮的占比最多，这与整个行业比较年轻相关，其中，C 轮平台三家，分别为拍拍贷和积木盒子，有利网为 C 轮，玖富和人人贷为 A 轮，玖富风投金额比较大，人人贷成立时间较长。

　　风投背景的 P2P 网贷平台的特征基本与民营系相似。风投的加入给予平台增信，同时也是对平台盈利能力以及可持续经营实力的认可。但无论是业务类型还是运作模式都基本与民营背景相似。

业务逻辑视角 P2P 企业投资价值评价及分析

7.1 P2P 行业业务发展历程演变

7.1.1 中国经济发展变化以及 P2P 行业兴起的必然性

P2P 网贷之所以能够快速兴起，与中国近十年的经济发展演变趋势有一定关系。我们先来看以下几组数据：

从图 7 - 1 和图 7 - 2 可见，中国的经济近十年发展速度放缓，为了扩

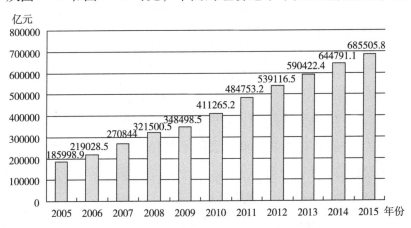

图 7 - 1　中国近十年 GDP 增长趋势

大内需，扩大消费，银行存款利率逐年下降，图 7 - 4 和图 7 - 5 是中国存款利率走势。

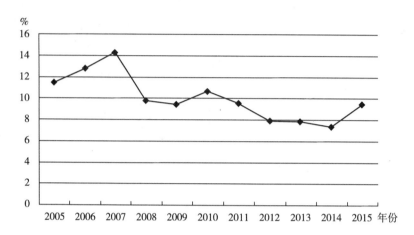

图 7 - 2　中国近十年 GDP 增长率变化

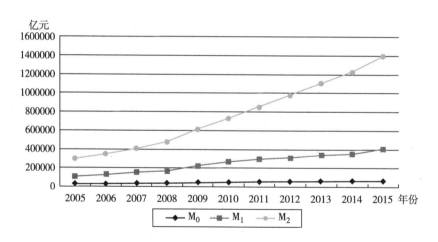

图 7 - 3　中国近十年 M_0、M_1、M_2 发展变化

从图 7 - 4 和图 7 - 5 可以看出，国家宏观调控经济，近年利率不断下调，同时也是为了鼓励投资。

2010 年末，我国银行业金融机构资产总额为 94.4 万亿元，同比增长 19.7%；负债总额 88.4 万亿元，同比增长 19%。

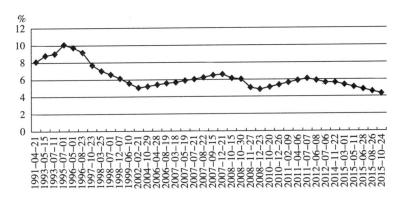

图 7 - 4 中国 6 个月以下存款利率走势

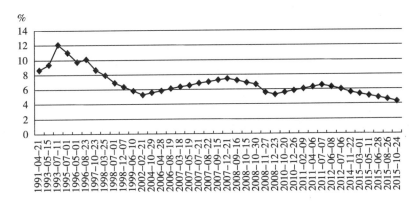

图 7 - 5 中国一年期存款利率走势

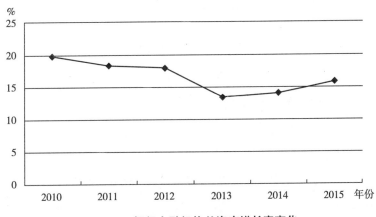

图 7 - 6 银行金融机构总资产增长率变化

2011 年末，我国银行业金融机构资产总额为 111.5 万亿元，同比增长 18.3%；负债总额为 104.3 万亿元，同比增长 18.0%。

2012 年末，银行业金融机构资产总额为 133.6 万亿元，增长 17.9%；负债总额为 125 万亿元，增长 17.8%。

2013 年末，银行业金融机构资产总额为 151.4 万亿元，增长 13.3%；负债总额为 141.2 万亿元，增长 14.5%。

2014 年末，银行业金融机构资产总额为 172.3 万亿元，增长 13.9%；负债总额为 160 万亿元，增长 13.3%。

2015 年末，银行业金融机构资产总额为 199.3 万亿元，增长 15.7%；负债总额为 184.1 万亿元，增长 13.09%。

截至 2016 年 6 月末，银行业金融机构的资产总额达到了 218 万亿元，比 2010 年末增长了 130.9%；负债总额为 201.77 万亿元，比 2010 年末增长了 128.25%。

由此可见，在 M_2 上扬的情况下，总资产增长率却下降，银行业支撑实体经济的作用还不够，还需要得到多层次的资本支撑，这也是为什么要发展多层次的资本市场的原因；同时，实体经济也需要大量的资金来支撑转型发展。

7.1.2 中国 P2P 网贷业务发展特点

中国 P2P 网贷业务发展主要有三个特点。一是业务始于个人消费信贷；二是小微企业借贷兴起，占据重要的业务类型；三是受中国传统金融文化影响，抵（质）押模式成为主流。

7.1.2.1 个人消费信贷

2006 年，宜信公司开展 P2P 网贷业务，2007 年拍拍贷成立，2010 年开始至今，个人消费金融迅速崛起，究其原因首先是参与主体逐步丰富，从原有的 P2P 为主导的消费金融市场拓展到目前以电商生态为基础的互联网消费金融，参与主体的数量和类型较前几年有明显突破；其次，以网络购物为代表的电子商务市场持续高速增长，用户消费需求和能力进一步提升，消费渠道进一步拓宽；最后，互联网金融在 2013 年开始进入真正的爆发期，近几年则延续了 2013 年的强势表现，在理财、投资以及信贷领域均有突破，这也是促进互联网消费金融市场快速发展的重要因素。得益于国家经济增长模式向消费转变的国策，国内消费信贷在过去几年增长迅速，其渗透率到 2014 年底仍不足 25%，远低于发达国家40%～50% 的水平。图 7-7 是中国近几年个人消费贷款余额变化趋势。

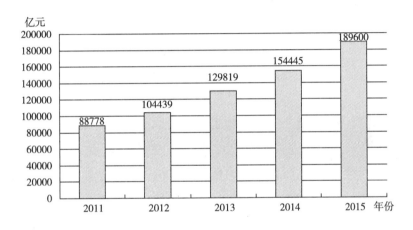

图 7-7　中国近几年个人消费贷款余额变化趋势

行业主要将个人小额贷款进一步细分为个人消费信贷和个人经营贷款。数据显示，截至 2015 年底，中国整体信贷余额达到 99.35 万亿元，其中个人消费贷款余额为 18.96 万亿元，仅占中国整体信贷余额的20.18%，按照稳定增长模型，预计 2019 年将达到 38 万亿元，是 2010年的 5 倍。

数据显示，个人贷款中，从贷款类别来看，仅有 20% 左右为信用贷款；从贷款用途来看，房产、汽车的贷款余额占据了 80% 的比例。

7.1.2.2　小微企业信贷

随着 P2P 的发展，得益于 P2P 能有效解决小微企业的融资问题，P2P小微企业贷款逐步登上网贷 P2P 行业的历史舞台。图 7-8 是中国近几年小微企业贷款余额变化趋势。

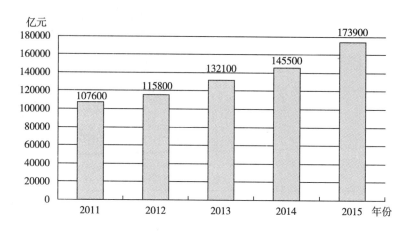

图 7 - 8　中国近几年小微企业贷款余额变化趋势

　　我国小微企业信贷之所以能崛起的主要原因在于：我国中小企业数量超过 7000 万家，占企业总数的 90% 以上，中小企业贡献了中国 60% 的 GDP、50% 的税收和 75% 以上的城镇就业。但是中小企业却一直身处"贷款难"的困境。工商联对 17 个省市中小企业的调研结果显示，90% 以上的受访中小企业表示无法从银行获得贷款，相比较之下，小微企业的融资状态更为窘迫。尽管银行正加大对中小企业的支持力度，但在银根紧缩的背景下，银行为优先满足大客户和重点工程的需求，导致平均规模在 5000 万元以下及效益很一般的企业很难获得贷款。与银行相比，小额信贷具有门槛低、贷款处理速度快、还款灵活、保证人及抵押品要求灵活等优势。因此，在互联网金融支撑的基础上，小额信贷业务蓬勃发展，成为中小企业和微型企业融资的主要渠道。

7.1.2.3　抵（质）押模式成为主流

　　小微企业具有资产规模小、业务不稳定的特殊性，使其很难从金融机构获得信用类贷款，仅 19.8% 的小微企业曾经使用过不需要抵押和担保措施的信用类贷款，因而抵（质）押、担保措施是小微企业获取贷款的最主要方式。

抵押品是金融机构实现风险缓释或弥补风险损失的重要保障，金融机构为了防范风险，往往将有实物形式的抵押财产、担保品作为发放贷款的必要条件。企业最重要的可抵押资产为厂房或设备，但是，根据统计，80%的小微企业没有自己的厂房，在目前有贷款的企业中，受机械设备折旧大、可变现水平低等因素影响，仅10%左右的小微企业使用过厂房抵押。

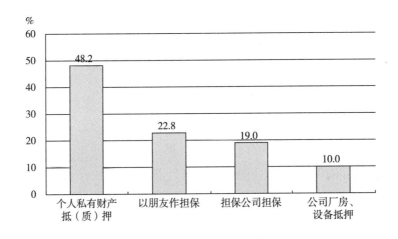

图 7-9 小微企业抵（质）押担保方式分布

此外，个人私有财产抵押多集中在员工人数50人以下，年营业收入1000万元以下的企业中；在担保方式上，员工人数在50人规模以下的小微企业多通过朋友、供应商关系担保，50人规模以上的企业多通过担保公司担保。

为了实现抵押品的功能和作用，良好的抵押品须具备以下特性：

（1）安全性。包括权利安全和实体安全两方面，即抵押品的安全性包括担保物权实现的安全性和抵押品自身的安全性。首先，要成为抵押品的资产必须是法律法规允许的资产，有明确的权属关系。同时抵押资产或权利还必须有明确的抵押登记管理条例和执行方法，否则一旦贷款无法偿还，会出现担保物权没有法律保护，难以追责的情况。其次，抵押品必须具备自身的安全可靠性，确保被抵押期间不易发生物质性损毁，这样才能在贷款存续期内提供物质保障功能。

（2）有效性。有效性是指为了能够发挥抵押品的功能，在贷款存续期内，抵押品的价值明确、不会产生较大波动，能够覆盖风险。首先，价值评估是抵押贷款的前提，抵押品的特征需要便于量化分析，存在公认的定价方法和市场价值，存在专业的评估机构，抵押品的价值能够被准确判断。其次，抵押品的价值必须稳定，不存在较大的价值变动，市场变化和影响因素要能够被充分考虑，以保证抵押品在整个贷款存续期间有效。

（3）流动性。流动性是指在借款人不能履行债务时，抵押品的变现能力。良好的抵押品存在广泛的市场，处置抵押资产容易，贷款损失收回的比例较高。

据中国 P2P 业务发展的这些特点，我们从资产的角度，将 P2P 企业的业务类型分为四大典型类别，分别是小微信贷类、车贷类、房贷类和 P2F 类，其中 P2F 主要是指通过与机构合作的方式形成的企业融资项目业务。

7.2　业务视角下 P2P 企业投资价值评价分析

我们先来回顾课题样本中各业务类型的分布情况：在入选 BTOSE 定量评价体系的 160 家平台当中，信贷类平台占比为 19%，车贷类平台占比为 17%，P2F 类平台占比为 38%。各种业务类平台存在以下特征。

7.2.1　基础实力特征

我们对各业务下的注册资本和成立时长进行统计分析，对比情况如图 7 – 10 所示。

如图 7 – 10 所示，在业务分类的五大类中，成立时长最长的是小微信贷类，其他的成立时长均处于平均水平。这是因为 P2P 的本质就是点对点

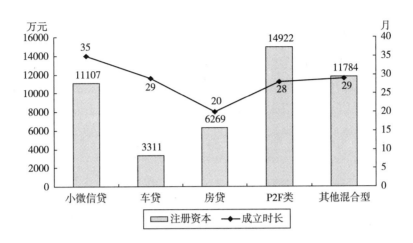

图 7-10 各业务分类的 P2P 注册资本和成立时长对比

的网络借贷，从国外引进，模式就是信贷类，2011 年 P2P 开始在中国兴起之后，其他业务类型才慢慢出现，并逐步增加，占比也开始增大，因此，小微信贷类的成立时长是最长的。

另外，P2F 类平台的注册资本是最高的，均值为 1.5 亿元。这与 P2P 网贷平台的运作模式相关。P2F 类平台的底层业务主要来源于企业融资，这类业务体量相对较大，因此平台本身的资本实力也需要较大，否则难以满足资本的现金流问题。

7.2.2 基本运营数据特征

图 7-11 是各业务类型的 P2P 企业的贷款余额、投资集中度、借款集中度的对比。

如图 7-11 所示，小微信贷类企业的平均贷款余额最高，为 33.4 亿元，其次是 P2F 类企业，平均贷款余额为 11.9 亿元，车贷类企业的平均贷款余额最低，为 2.3 亿元。入选 BTOSE 定量评价的小微信贷类企业的成立时间均较长，其规模和体量也较大，因此其平均贷款余额也是最高的，而车贷类是四大类中占比相对较大的，车贷的特点之一是借款周期较短，借款金额普遍比 P2F 类小，因此其贷款余额规模是最小的。

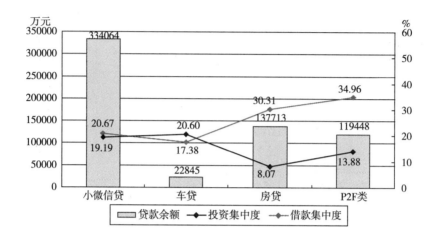

图 7 - 11　各类业务的运营数据对比

业务类型的投资集中度和背景分类一样，均在 18% 左右波动，可见，投资集中度并不受背景和业务类型影响。

另外，P2F 类的借款集中度普遍高于其他类型，主要与其底层业务来源相关，大部分是企业借款，因此，这类型的企业借款集中度普遍偏高，但是经过 FOW 指标体系后，借款集中度很高的平台已经被筛选出去了。

7.2.3　保障方式特征

我们将各类业务有无风险准备金和有无第三方担保进行数据统计，如图 7 - 12 所示。

如图 7 - 12 所示，小微信贷类有风险准备金的占比最高，但是大部分却无第三方担保；车贷类平台大部分也无第三方担保，风险准备金占比也较高，这是因为车贷类业务大部分是抵（质）押类，因此一般保障方式中再没有第三方担保；而 P2F 类则大部分有第三方机构担保，业务为企业借款项目，因此第三方机构担保比重较大。

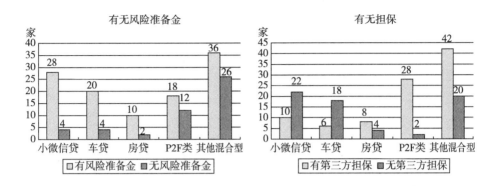

图 7 - 12   各业务保障方式对比

7.2.4   用户体验感

针对各业务下平台的平均利率水平进行统计分析，如图 7 - 13 所示。

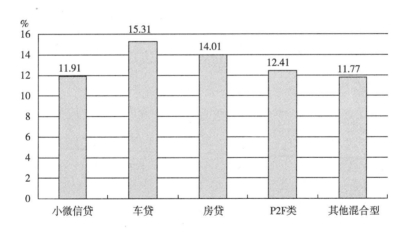

图 7 - 13   各业务类型 P2P 企业平均利率水平

如图 7 - 13 所示，车贷类企业的平均利率水平最高，为 15.31% 。小微信贷的平均利率水平在四大类中是最低的，为 11.91% 。

7.2.5   投资价值综合评价

图 7 - 14 是各业务类型的 P2P 企业的投资价值综合评分的平均分。

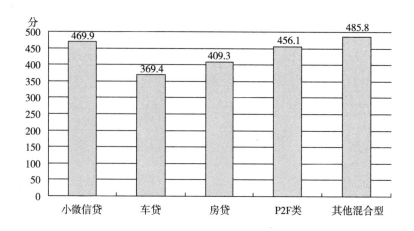

图 7 - 14　各业务类型 P2P 企业综合评分

　　如图 7 - 14 所示，各类业务的综合评分差距并不是很大，多种业务混合型的平台综合评分最高，为 485.8 分，小微信贷类综合评分为 469.9 分，其次是 P2F 类综合评分，为 456.1 分，综合评分最低的是车贷企业，为 369.4 分。

P2P 网贷行业监管政策分析

P2P 网贷是互联网金融的典型形式，互联网金融和传统金融的竞争可能会给金融系统带来更强的功能和更高的效率，但与此同时，互联网金融因其创新性，且互联网对传统金融业务的改变，可能导致存在监管空白。自 2013 年中国互联网金融开始发力，P2P 网贷作为互联网金融的典型形式之一，历时两年多时间，发展极其迅速，截至 2016 年 7 月底，全国 P2P 网贷平台已达到 4160 家，2016 年 1~7 月累计成交量达到 10252 亿元，贷款余额突破 6000 亿元，按照成长模型及国外经验分析，到 2020 年 P2P 年度成交额将达到 5 万亿元，网络借贷行业无疑是互联网金融最具发展前景的分支。但其在不断壮大发展的过程中，准入门槛低、运营混乱、风控水平低等问题逐渐暴露。据统计，2016 年 1~7 月累计出现问题平台 616 家，涉及投资人数约 30 万人，涉及贷款余额约为 185.6 亿元，2015 年的 e 租宝和大大集团事件，更是把整个网贷行业推向了风口浪尖。

2014 年 4 月，中国银监会相关负责人表示 P2P 运营不得触碰四条红线；2015 年 7 月，被称为互联网金融行业"基本法"的《关于促进互联网金融健康发展的指导意见》（以下简称《指导意见》）出台；2015 年 12 月 28 日，中国银监会联合多部委共同制定的《网络借贷信息中介机构业务活动管理暂行办法（征求意见稿）》（以下简称《管理办法（征求意见稿）》）出台，对行业的规范发展提出了更高要求；2016 年 8 月，中国银监会对银行下发了《网络借贷资金存管业务指引（征求意见稿）》，为 P2P

网贷平台存管划下监管红线。

可以看出，监管当局对 P2P 网络借贷这样的互联网金融创新形式持适度容忍原则，同时随后出台的《指导意见》和《管理办法（征求意见稿）》大体遵循的也是负面清单的监管原则。对比 P2P 网贷行业发展最快的英美两国，可以看出不同监管政策下产业发展形势，同时，也需注意到 P2P 网贷行业在本土化的发展过程中，其业务模式与运营模式都发生了变化，衍变出新的 P2P 商业模式，从监管层面而言，不能简单否定或简单定性为非法，而应仔细厘清其中的关系和风险，再通过监管规范引导它们走向健康的发展道路。因此，将中国的监管与英美两国的监管进行比较分析，并在比较分析的基础上对未来中国的 P2P 网络借贷行业的监管趋势进行展望具有重要意义。主要可以从监管机构、监管政策、监管细则方面进行比较分析。

8.1 监管机构的比较

不同的国家，金融监管系统、监管机构以及监管重点截然不同，这对企业运营模式与行业发展都将产生十分重大的影响，这点将在下文的英美两国的监管中得以体现。

8.1.1 英国的监管机构

作为 P2P 网贷行业发源地的英国，P2P 网贷行业的主要监管机构为金融行为监管局（The Financial Conduct Authority，FCA），民间的 P2P 网贷行业自律协会 P2PFA 也对 P2P 公司提出自我约束的要求，值得注意的是，行业自律协会是先于监管机构出现的。

P2PFA 是 2011 年由 Zopa、RateSetter、FundingCircle 三家领头 P2P 公司自行成立的 P2P 网贷行业自律协会，该协会成立后主动向英国政府申请成为合法组织，要求政府对其监管，同时提出 10 条具体的 P2P 运营法则

（Peer－to－Peer Finance Association Operating Principles），要求协会成员必须遵守，协会成员后续不断扩充，目前加入该协会的平台已占据英国 P2P 市场 90% 以上的份额，这有效地维护了行业的纪律和公信度，为行业的持续稳健发展起到规范和促进作用。

金融市场行为监管局（FCA）于 2013 年 4 月 1 日正式成立，并作为独立机构承担金融消费者保护职能。FCA 在尽职调查的基础上，于 2014 年 3 月出台了《关于互联网众筹及通过其他媒介发行不易变现证券的监管方法》（*Regulatory Approach to Crowdfunding over the Internet and the Promotion of Non－readily Realisable Securities by other Media*）（以下简称《监管方法》），是全球第一部针对 P2P 监管的法律法规。FCA 同时规定创建 P2P 借贷公司需获得 FCA 授权，形成了准入门槛。

此外，针对投资者投诉还有 FOS（Financial Ombudsman）部门等协同处理。

8.1.2 美国的监管机构

美国 P2P 网贷行业形成了以美国证券交易委员会（Securities and Exchange Commission，SEC）为核心监管机构，多部门分类监管的协同监管模式。协同部门包括州一级证券监管部门、消费者金融保护局（CFPB）等机构。

SEC 负责美国的证券监督和管理工作，是美国证券行业监管的最高机构。SEC 的管理条例旨在加强信息的充分披露，保护公众的投资利益不因玩忽职守或虚假信息而受到侵害。美国所有的证券发行，无论以何种形式出现都必须在 SEC 注册；所有证券交易所都在 SEC 监管之下；所有投资公司、投资顾问、柜台交易经纪人、做市商及所有在投资领域里从事经营的机构和个人都必须接受 SEC 的监管。

以美国最大的 P2P 网贷平台 Lending Club 为例，其经历了本票模式、银行模式、证券模式的变更，而每一次变更和监管政策均有非常重要的关系。在本票模式下，借款会员向 Lending Club 签发一个本票，即一个标准的借款单，然后由 Lending Club 立刻把这个本票转让给这些投资会员，在这种模式下，Lending Club 成为名义上的放贷人，这也是债权转让模式。这种模式存在两个问题：一是必须在美国各个州申请放贷的牌照，二是它在放贷的时候必须遵守各个州关于贷款利率上限的管制。于是，出现了银行模式，在银行模式下，Lending Club 通过 WebBank 来签订借款本票，类似于委托贷款模式。WebBank 是一家在犹他州注册，由（联邦存款保险公司）FDIC 承保的商业银行，WebBank 可以在全国进行经营且犹他州法律对于贷款最高利率管制不严格，所以规避了本票模式下的两大问题，美国 P2P 网贷业务迎来了快速发展。但是，在银行模式下，P2P 网贷平台性质在法律意义上发生了变化，导致 P2P 没有以类似于典型借贷事务的方式被监管，相反，P2P 公司被视为证券发行者。因为根据美国《1933 年证券法》(Securities Act of 1933) 对"证券"的定义极为宽泛，法案对证券的具体定义包括：（1）各种票证、股票、国库券、债券、无抵押债券、利益证明或参与某种利润分配协议的证明、担保信托证、筹建经济组织证、可转让股权、投资合同、有投票权的信用证、证券证明、油矿、气矿或其他矿藏开采权未分配部分的权益；（2）任何证券、存款证明或者组合证券和指数证券（包括根据价格而计算出来的利益）的卖空期权、买空期权、买空卖空期权、选择权或者特权；（3）任何在全国证券交易所交易的有关外币的卖空期权、买空期权、买空卖空期权、选择权或者特权；（4）从总体上任何被认为是"证券"的利益或工具，或者购买上述内容的临时的或中介性的收据、担保、保证等各种利益的证明。之所以对证券进行如此宽泛的定义，正是为了"无论证券以何种形式出现，都能被归纳到定义之中"，不至于逃避监管范围。因此，法院对于证券的判定也没有严格标准，主要取决于该类工具的实质。

根据对证券从严监管的原则，2008 年 10 月，SEC 正式认定包括 Prosper 和 Lending Club 在内的 P2P 网贷平台的运营行为涉及了证券销售，并将其认定为销售"附有投资说明的借贷凭证"的机构，要求 P2P 平台在

SEC 登记注册，需向 SEC 提交材料进行登记申请，并披露平台的运行模式和所促成每笔贷款的信息。至此，P2P 公司经营需遵守证券业的相关法律标准。由于 SEC 本身有较高的准入门槛，仅申请注册流程的律师费就高达数百万美元，因而有效地阻止了不成熟的 P2P 公司加入，大量小型 P2P 公司因无法承受高昂的法务费用而被迫倒闭，甚至连世界第一家 P2P 公司——英国 Zopa 在美国的业务也被迫停止，这对美国 P2P 网贷行业发展既有积极作用，也有负面影响。

在证券模式下，Lending Club 采取了一次注册、多次发行的模式。它首先向美国证监会一次性注册了 10 亿美元的债券，称之为会员支持债券，Lending Club 平台上的投资人并非直接将钱给借款人，而是要购买平台发行的"会员偿付支持债券"；然后每撮合成一笔借贷款，添加一个补充修订的文件，这样就完成了整个证券模式下的信息披露，所以 Lending Club 每天都得向美国证监会注册，这也是证券模式广受诟病的一个重要原因。

以下为向 SEC 补充的借款人信息文件（编号：51436750，资料来源为 SEC 网站）：

Member Loan ID	Maximum aggregate principal amount of Notes offered	Stated interest rate	Note Service Charge	Initial maturity	Final maturity
51436750	$19200	5.32%	1.00%	Three years after issuance	Five years after issuance

Member loan 51436750 was requested on January 9, 2016 by a borrower with the following characteristics, which have not been verified unless noted with an " * ":

Home ownership：	MORTGAGE	Gross income：	$8750 / month
Job title：	Strategic Products Manager	Debt－to－income ratio：	14.78%
Length of employment：	5 years	Location：	760xx
Home town：			
Education：			

This borrower posted the following loan description, which has not been verified:

A credit bureau reported the following information about this borrower that affects their member loan on January 8, 2016:

Credit Score Range:	680 – 684	Accounts Now Delinquent:	0
Earliest Credit Line:	11/2001	Delinquent Amount:	$0.00
Open Credit Lines:	9	Delinquencies (Last 2 yrs):	0
Total Credit Lines:	16	Months Since Last Delinquency:	44
Revolving Credit Balance:	$6864.00	Public Records On File:	1
Revolving Line Utilization:	23.80%	Months Since Last Record:	74
Inquiries in the Last 6 Months:	0	Months Since Last Major Derogatory	44

在证券模式下，除 SEC 之外，州一级金融机构部、消费者金融保护局（CFPB）等成为了监管的主要力量，与 SEC 一起实施对 P2P 网贷行业的监管。在 SEC 登记后，除非有豁免，P2P 网贷平台还必须另外在每个州的证券监管机构登记要出售的这些证券；此外，消费者金融保护局（CFPB）协同负责收集整理 P2P 金融消费者投诉的数据库，并保护消费者的合法权益。

8.1.3 中国的监管机构

中国金融系统采取的是"分业监管"模式，由"一行三会"负责各个不同领域的监管，针对创新性的 P2P 网贷行业，其监管也在逐渐变化。

最初 P2P 网贷平台受到的监管与普通公司无异，工商部门负责营业执照，工信部门负责网络业务监管。随着行业的发展，在 2014 年出台的"一行三会"的监管分工中，P2P 网贷行业、信贷资产证券化由中国银监会监管，属于全局性和底层性的整体指导意见，征信、支付由央行监管，其余的互联网基金、互联网保险等分别由中国证监会和中国银监会监管。

按照 2016 年 8 月出台的《管理办法》的相关规定，在监管机构方面，国务院银行业监督管理机构负责对网络借贷信息中介机构业务活动制定统一的规范发展政策措施和监督管理制度，指导地方金融监管部门做好网络借贷规范引导和风险处置工作。工业和信息化部负责对网络借贷信息中介机构业务活动涉及的电信业务进行监管。公安部牵头负责对网络借贷信息中介机构业务活动进行互联网安全监管，打击网络借贷涉及的金融犯罪工作。国家互联网信息管理办公室负责对金融信息服务、互联网信息内容等业务进行监管。地方金融监管部门负责本辖区网络借贷信息中介机构的规范引导、备案管理和风险防范、处置工作，指导本辖区网络借贷行业自律组织。在行业自律组织方面，省级网络借贷行业自律组织应当将组织章程报地方金融监管部门备案，全国性网络借贷行业自律组织接受国务院银行业监督管理机构指导。

8.2　监管政策的比较

在不同的监管机构分工以及监管体系下，英国、中国对 P2P 网贷平台均制定了专门的监管办法，而美国在将 P2P 网贷平台纳入证券监管范畴之后，依赖于其庞大复杂的体系，共同构成了 P2P 网贷平台的监管法律系统。

（1）英国

英国针对 P2P 网贷平台的专门文件主要是行业协会 P2PFA 的 10 条 P2P 运营法则以及监管机构 FCA 颁布的《监管方法》，其具体内容比较将在下文进行介绍。

（2）美国

美国属于典型的多法律国家，且经历了数次金融危机后，其金融监管的法律更加完备。在 P2P 网贷行业监管上，已经形成了证券法、借贷法、消费者保护法三大方面，这三大方面的相关法律、法案、法规在 P2P 监管中都发挥一定作用。根据 Chapman&Cutler LLP 在 2014 年 4 月发布的 *The Regulation of Peer - to - Peer Lending*，相关的法律法规如下：

Securities Laws	证券法律
Securities Act	所有公开发行证券都必须向 SEC 注册
The New Private Placement Rules	P2P 网贷平台可以招揽合格投资者
Blue Sky Laws	发行人在销售的每个州都要注册
Securities Exchange Act	销售证券后，发行人要持续披露
Investment Company Act	在出售之前，P2P 必须向 SEC 注册
Investment Advisers Act	投资顾问必须向 SEC 注册
Lending Laws and Lender Registration/Licensing	借贷法、放贷人注册及执照
Usury Laws	不同州的最高贷款利率不同
Bank Secrecy Act Regulations	P2P 网贷平台可能要遵守放贷银行必须遵守的规则
Consumer Protection Laws	消费者保护法律
Truth in Lending Act	放贷人必须向借款人提供贷款的标准等条款
FTC Act, UDAP Laws and the CFPB	联邦贸易委员会、消费者金融保护局相关法律
Debt Collection Practices	第三方催收机构必须符合联邦《公平催收法案》等
Privacy Laws	遵守监管个人信息的相关法律法规
Electronic Commerce Laws	P2P 网贷平台必须符合电子签名等相关法律

（3）中国

从 P2P 网贷平台及关系密切的征信、支付、非法集资等相关方面，从 2005 年个人信用报告的使用管理等措施的出台，到 2016 年国家《管理办法（征求意见稿）》的发布，我们能够看到国家对行业管理政策从宏观到微观的变化。

2005 年，中国人民银行《个人信用信息基础数据库管理暂行办法》规定，个人信用报告目前仅限于中华人民共和国境内设立的商业银行、城市信用合作社等金融机构、人民银行、消费者使用，网络借贷中介平台并非合法使用者。

2006 年，国务院《公司登记管理条例》出台，P2P 网站需在电信管理局进行注册登记，业务种类为"因特网信息服务业务"。

2011 年，中国银监会下发《中国银监会办公厅关于人人贷风险提示的通知》，提示风险并要求银行业金融机构必须建立与 P2P 公司之间的防火墙。

2012 年，国务院《征信业管理条例》规范市场，将建立公民身份证号码和组织机构代码为基础的统一社会信用代码制度。

2012 年，国务院同意温州金改试点及配套的 8 项地方性专项，温州在 2012 年开始引入 P2P 网贷。

2013 年，人民银行对 P2P 网络借贷行业非法集资行为进行了清晰的界定，主要包括三类情况：资金池模式、不合格借款人导致的非法集资风险以及庞氏骗局。

2014 年，北京、深圳、上海、广州、天津、南京、贵阳、武汉八个城市纷纷出台互联网金融支持政策和指导意见。

2014 年 4 月，中国银监会相关负责人表示 P2P 运营不得触碰四条红线：一是要明确平台的中介性质，二是要明确平台本身不得提供担保，三是不得将归集资金搞资金池，四是不得非法吸收公众资金。

2014 年，央行副行长潘功胜对互联网金融监管提出五点思路：坚持开发包容理念；加强规则公平性，防止监管套利；加强行业自律；监管机构与行业之间保持良好的沟通；坚守业务底线，合规经营、谨慎经管。

2015 年 1 月，中国银监会普惠金融部成立。

2015 年 1 月，中国人民银行印发《关于做好个人征信业务准备通知》，八家机构获批开展个人征信业务。

2015 年 7 月，人民银行等十部委共同发布被称为互联网金融行业"基本法"的《关于促进互联网金融健康发展的指导意见》。

2015 年 8 月，上海、广东、江苏三地省市互联网金融行业协会不约而同颁布《网络借贷（P2P）平台信息披露指引》，鼓励网贷企业向社会公众公布更多与企业经营状况相关的信息。

2015 年 11 月，《中共中央关于制定国民经济和社会发展第十三个五年规划的建议》中提出了"规范发展互联网金融"，互联网金融首次被纳入国家五年规划的建议，为行业定性起到了关键作用。

2015 年 11 月,国务院办公厅对外发布了《关于加强金融消费者权益保护工作的指导意见》,其中提出,要坚持市场化和法治化原则,坚持审慎监管与行为监管相结合,建立健全金融消费者权益保护监管机制和保障机制,规范金融机构行为,培育公平竞争和诚信的市场环境,切实保护金融消费者合法权益,防范和化解金融风险,促进金融业持续健康发展。并针对当前我国金融消费纠纷频发现状,提出保障金融消费者的八大权利,即财产安全权、知情权、自主选择权、公平交易权、依法求偿权、受教育权、受尊重权、信息安全权。

2015 年 12 月,中国银监会会同工业和信息化部、公安部、国家互联网信息办公室等部门研究起草的《网络借贷信息中介机构业务活动管理暂行办法(征求意见稿)》发布,开始向社会公开征求意见。

2016 年初开始,上海、深圳、北京、武汉等地相继暂停投资理财类型企业的工商注册登记。

2016 年 2 月,国务院发布《关于进一步做好防范和处置非法集资工作的意见》,该意见指出,要加强广告监测和检查,强化媒体自律责任,封堵涉嫌非法集资的资讯信息,净化社会舆论环境。

2016 年 4 月 14 日,《互联网金融统计制度》征求意见稿首次亮相,中国互联网金融协会召集 36 家从事网络借贷、互联网支付和消费金融业的会员单位进行了首轮培训。

2016 年 4 月 19 日,21 世纪经济报道记者从接近北京市网贷行业协会的人士处获悉,北京市网贷行业协会已于 4 月 18 日发布文件,叫停"首付贷"业务。广州市政府紧跟北京、上海之后下发了《关于进一步做好防范和处置非法集资工作的意见》,通过建立非法集资企业和人员黑名单制度、建立重大案件处置不力"一票否决"等措施,严厉打击非法集资。

2016 年 8 月,中国银监会对银行下发了《网络借贷资金存管业务指引(征求意见稿)》,对网络借贷资金存管业务中 P2P 的资质,以及银行存管业务的资质等作出相关规定。

2016 年 8 月 24 日，中国银监会、工业和信息化部、公安部和国家互联网信息办公室联合发布《网络借贷信息中介机构业务活动管理暂行办法》。

此外，在借贷方面涉及的法律、司法解释有《合同法》、《民法通则》和《关于人民法院审理借贷案件的若干意见》，在经济中关于资金问题相关有非法吸收公众存款罪、集资诈骗罪等具体法律法规。

8.3　监管细则的比较

在上述监管机构、监管法律的基础上，中国与英美两国在 P2P 网贷平台的具体监管方面均有着具体的规范措施，这些措施从平台的准入、业务的开展、投资者保护、信息公开等方面均进行了不同程度的规范，下面对其进行简单比较。

8.3.1　P2P 网贷平台准入门槛

在准入门槛方面，英国 P2PFA 的 10 条 P2P 运营法则（以下简称《协会运营法则》）规定，公司的董事成员中必须有一位以上符合金融服务管理局（FSA）规定的认可代理人，同时，《协会运营法则》和《监管方法》均对平台的最低运营资本有要求，成立 P2P 网贷平台必须获得 FCA 授权。

美国的 P2P 网贷平台准入门槛较高，在获得 SEC 登记后，还必须另外在每个州的证券监管机构进行登记。

中国的 P2P 网贷平台此前门槛比较低，只要到工商部门注册领取营业执照，到工业和信息化部申请 ICP 许可证，再到工商部门申请增加"互联网信息服务"经营范围，就可以开展网贷业务了，也不会受到金融机构那样严格的监管。在《管理办法（征求意见稿）》出台之后，规定 P2P 网贷平台应当在领取营业执照后，携带有关材料向工商登记注册地的地方金融监管部门备案登记，但是该备案登记对准入无名义门槛要求，但是《管理办法（征求意见稿）》的其他条款对平台已经形成了实质上的门槛。同时，《管理办法（征求意见稿）》出台后，地方金融监管部门已经开始介入，2016 年 8 月《管理办法》正式发布，P2P 网贷平台准入门槛进一步明确：领取营业执照后 10 个工作日携带材料，在注册所在地的地方金融监管部门备案登记，并按照通信主管部门相关规定申请相应的电信业务经营许可。

8.3.2 行业自律机构建设

英国建立了较为完善的行业协会——P2PFA，且行业协会的覆盖面比较广，占据市场份额 90% 以上的 P2P 网贷平台皆纳入其中，协会成员需要履行"8 个必须"和 10 项《协会运营法则》，行业监管效果显著；美国由于 P2P 网贷平台监管严、数量少，所以没有行业协会。而在中国，虽然于 2013 年制定了《P2P 小额信贷信息咨询服务机构行业自律公约》，但签署单位占比不足 10%，且对资本准入等关键性指标没有详细规定，效果大打折扣，此外还存在地区性的行业协会，但其影响力更小。根据《管理办法（征求意见稿）》规定，后续省级、全国性行业协会将逐步建立完善，在监管方面起到效果。

8.3.3 运营模式

英国对 P2P 网贷平台的定位为中介模式，是交易撮合居间人，负责撮合和管理贷款协议，不做资金池，不参与贷款。在业务形态上，除了 Zopa 这种个人借贷的 P2P 外，也有 Funding Circle 这样的面向中小企业的 P2B 网贷机构，两者除了有风险评级、信息甄别、交易撮合中介、不碰资金等共性外，企业贷款则通过信息的完全透明，将风险公开化，让投资人拥有自评风险的可能性。同时，英国 P2P 网贷平台如 Ratesetter、Zopa 等均采取了风险准备金模式，后续也将引入保险机制。

美国对 P2P 网贷平台采用的是"销售债券"的定位，所以将其纳入

SEC 监管，在业务形态上，美国 P2P 网贷平台主要为个人信用贷款，但 Lending Club 也开始进入了中小企业贷款等 P2B 领域，美国的 P2P 网贷平台没有风险准备金模式。

中国的 P2P 网贷平台在运营模式上产生了不同类型，在业务形态上，除了个人信用贷款，小微企业贷款、供应链金融等 P2B 也蓬勃发展；在具体形态上，有以拍拍贷为典型的中介模式、以宜信为典型的债权转让模式，以及 P2P 网贷平台和担保公司、小贷公司合作的 P2F 模式；《管理办法》的发布和逐步落地，小额分散、去平台自身担保、保留第三方有资质机构担保或者保险等能够真实保障投资人资金安全的健康方式将逐步推行。应该说运营模式上，中国的 P2P 平台将进行中国特色的健康运营模式发展。

8.3.4 平台报告制度

英国《协会运营法则》要求 P2P 网贷平台公司必须在其网站的"合同条款"中清晰注明使用平台的资格、成员注册方法等 14 类信息；公司要公开投资人的回报率和风险贷款的情况（贷款违约率和逾期贷款情况）；《监管方法》定期向英国金融行为监管局（FCA）提供财务报告、客户资金报告、上一季度贷款信息和客户投诉报告。

美国对 P2P 网贷平台在初始登记时就要求必须公布平台运营模式等相关信息，并规定了后续补充材料，P2P 网贷平台的注册文件和补充材料包含着广泛的信息，如经营状况、潜在的风险因素、管理团队的构成和薪酬以及公司的财务状况。

在《管理办法（征求意见稿）》中，规定网络借贷信息中介机构应当实时在其官方网站显著位置披露本机构所撮合借贷项目交易金额、交易笔数、借贷余额、最大单户借款余额占比、最大 10 户借款余额占比、借款逾期金额、代偿金额、借贷逾期率、借贷坏账率、出借人数量、借款人数量、客户投诉情况等经营管理信息。网络借贷信息中介机构应当在其官方网站上建立业务活动经营管理信息披露专栏,定期以公告形式向公众披露年度报告、法律法规、网络借贷有关监管规定及工商登记注册地省级网络借贷行业自律组织要求披露的其他信息,内容包括但不限于机构治理结构、董事、监事、高级管理人员及管理团队情况、经会计师事务所审计的财务会计报告、风险管理状况、实收资本及运用情况、业务经营情况、与资金存管机构及增信机构合作情况等。网络借贷信息中介机构应当聘请会计师事务所定期对本机构出借人与借款人资金存管、信息披露情况、信息科技基础设施安全、经营合规性等重点环节实施审计,并且应当聘请有资质的信息安全测评认证机构定期对信息安全实施测评认证,向出借人与借款人、工商登记注册地省级网络借贷行业自律组织等披露审计和测评认证结果。网络借贷信息中介机构应当将定期信息披露公告文稿和相关备查文件报送工商登记注册地地方金融监管部门,并置备于机构住所供社会公众查阅。在 2016 年正式发布的《管理办法》中对信息披露的原则进一步进行了强调,具体披露细则将另行制定,后续出台。

8.3.5 项目信息披露

英国《协会运营法则》要求 P2P 网贷平台对客户就贷款的期限、风险、预期收益、手续费等信息进行正确、公平、无误导性的信息披露。同时公司进行的宣传须符合英国广告标准局(ASA)的相关规定。《监管方法》规定与客户进行交易之前须用大众化的语言就投资产品的收益、风险等向客户披露准确、无误导的信息。平台需要披露的信息有:过去和未来投资情况的实际违约率和预期违约率;概述计算预期违约率过程中使用的假设;借贷风险情况评估描述;担保情况信息;可能的实际收益率;有关税收计算信息;平台处理延迟支付和违约的程序等。

美国 SEC 规定,P2P 网贷平台必须对借款人的必要借款信息等在网站上进行公示,同时在递交给 SEC 的补充资料中也要完善,相关项目信息可以通过 SEC 的 EDGAR 系统或者 P2P 网站获取,这方便了后续发生债务纠纷情况下的取证等问题。同时，在项目成功融资而未到期下，SEC 要求平台对借款人的必要信息进行持续披露。

中国在《管理办法（征求意见稿）》中规定，P2P 网贷平台应当在其官方网站上向出借人充分披露以下信息：（一）借款人基本信息，包括但不限于年收入、主要财产、主要债务、信用报告；（二）融资项目基本信息，包括但不限于项目名称、类型、主要内容、地理位置、审批文件、还款来源、借款用途、借款金额、借款期限、还款方式及利率、信用评级或者信用评分、担保情况；（三）风险评估及可能产生的风险结果；（四）已撮合未到期融资项目有关信息，包括但不限于融资资金运用情况、借款人经营状况及财务状况、借款人还款能力变化情况等。第（四）点即持续披露的要求和规定。

更进一步地，《管理办法（征求意见稿）》同时规定 P2P 网贷平台必须按照法律法规和网络借贷有关监管规定要求报送相关信息，其中网络借贷有关债权债务信息要及时向网络借贷行业中央数据库报送并登记。在 2016 年正式发布的《管理办法》中对信息披露的原则进一步进行了强调，具体披露细则将另行制定，后续出台。

8.3.6 资金管理

英国对 P2P 网贷平台是严格禁止资金池的，《协会运营法则》要求公司必须将客户资金与自营资金分离，存放在单独的银行账户里，该部分资金账户每年由公司聘请的外部审计进行审查；《监管方法》规定客户资金须独立存管于银行，并承担对存于银行的客户资金尽职调查的义务，并需有人员管理。

美国 P2P 网贷平台在证券模式下，P2P 网贷平台负责处理从借款人向贷款人之间的付款，典型例子为 Lending Club，资金直接通过 Lending Club 从借款人到贷款人。

中国《管理办法》规定，网络借贷信息中介机构应当实行自身资金与出借人和借款人资金的隔离管理，选择符合条件的银行业金融机构作为出借人与借款人的资金存管机构。这表明中国采取了和英国一致的资金托管模式。

8.3.7 投资者门槛

英国 FCA 要求必须达到一定条件的合格投资者方可进行 P2P 投资。但是对 P2P 投资者的保护是非常全面的。《监管方法》为投资者设定了 14 天冷静期，投资者可以在 14 天内取消投资而不受到任何限制或承担任何违约责任。

美国对 P2P 投资人采取了准入门槛，以 Lending Club 为例，在 Lending Club 开展业务的州中，除加利福尼亚州和肯塔基州之外，其他州的投资者必须满足以下条件：（1）总收入在 7 万美元以上并且个人净资产在 7 万美元以上；（2）个人净资产在 25 万美元以上。同时，无论投资者来自哪一个州，都不能将超过个人财富 10% 的资金投资于 Lending Club 上。

中国《管理办法》规定，参与网络借贷的出借人，应当自行承担借贷产生的本息损失。同时，网络借贷信息中介机构应当向出借人以醒目方式提示网络借贷风险和禁止行为，并经出借人确认。网络借贷信息中介机构应当对出借人的年龄、健康状况、财务状况、投资经验、风险偏好、风险承受能力等进行尽职评估，不得向未进行风险评估的出借人提供交易服务。网络借贷信息中介机构应当根据风险评估结果对出借人实行分级管理，设置可动态调整的出借限额和出借标的限制。

8.3.8 防欺诈与防洗钱

英国《协会运营法则》要求公司遵循国家反洗钱和反诈骗的政策，建议每位成员加入反洗钱协会（CIFA）和反欺诈服务协会。虽然对于实名登记及账户没有硬性规定，但 FCA 近期准备引入"创新金融个人储蓄账户"。

美国 *Truth in Lending Act*、*FTC Act* 以及 UDAP Laws 中均有对欺诈的规定。在证券模式下，借款人的贷款仍然由 WebBank 来发放，然后 WebBank 会将债权卖给 P2P 网贷平台，P2P 再将这些贷款以收益权凭证形式卖给贷款人。考虑到有大量的法律和监管法规针对消费者贷款发行这一环节，因而委托有牌照的银行来分销贷款，有助于 P2P 网贷平台符合这些法律法规的要求，也有利于美国的多头监管，从而保护借贷双方，防止欺诈。在账户登记上，个人投资者可以使用标准投资账户和个人退休金账户等账户。

中国《管理办法》规定，参与网络借贷的出借人与借款人应当为网络借贷信息中介机构核实的实名注册用户。在防止欺诈上，要求借款人履行义务：（一）提供真实、准确、完整的用户信息及融资信息；（二）提供在所有网络借贷信息中介机构未偿还借款信息；（三）保证融资项目真实、合法，并按照约定用途使用借贷资金，不得用于出借等其他目的；（四）按照约定向出借人如实报告影响或可能影响出借人权益的重大信息；（五）确保自身具有与借款金额相匹配的还款能力并按照合同约定还款。

8.3.9 消费者隐私保护

英国对于投资者的隐私保护在《协会运营法则》与《监管方法》中没有过多述及，美国专门的 *Privacy Laws* 对监管个人信息进行了具体规定。

中国《管理办法》规定，网络借贷信息中介机构及其资金存管机构、其他各类外包服务机构等应当为业务开展过程中收集的出借人与借款人信息保密，未经出借人与借款人同意，不得将出借人与借款人提供的信息用于所提供服务之外的目的。

8.3.10 投资者权益保护

英国《协会运营法则》规定，P2P 网贷平台应有明确的投诉处理政策，使客户的投诉可以得到有效、及时的解决。平台应告知客户相应的投诉处理政策，并告知客户有权向第三方机构（如 FOS）进行投诉。《监管方法》进一步规定，平台收到投诉后，应在八周内进行审查并作出回应。若投诉人不满意其处理结果，可向金融申诉专员服务公司（FOS）再次进行投诉。

美国对于投资者权益保护非常重要，2008 年国际金融危机后，成立了专门的消费者金融保护局（CFPB）协同负责收集整理 P2P 金融消费者投诉的数据库，并保护消费者的合法权益。目前，CFPB 和 SEC、美联储并列为美国金融系统的三大核心机构，足见美国对投资者权益的重视程度。

中国《管理办法》规定，出借人与网络借贷信息中介机构之间、出借人与借款人之间、借款人与网络借贷信息中介机构之间等的纠纷，可以通过以下途径解决：（一）自行和解；（二）请求行业自律组织调解；（三）向仲裁部门申请仲裁；（四）向人民法院提起诉讼。

8.3.11 投资者教育

作为金融市场非常发达的英美市场，业内对于投资者教育十分重视，美国的 P2P 网贷平台在投资人投资前往往会弹出风险提示，对投资者的投资资金、投资风险等进行提示，这样的保护措施让投资人感到贴心，也让投资风险大大降低。

针对中国网络借贷信息中介机构应当履行的义务，《管理办法（征求意见稿）》第四条中明确规定：持续开展网络借贷知识普及和风险教育活动，加强信息披露工作，引导出借人以小额分散的方式参与网络借贷，确保出借人充分知悉借贷风险。《管理办法》大纲中虽没有明确，但后续单独制定的信息披露细则中将会有体现。

8.3.12 小额分散投资风险控制

为了降低投资风险、优化投资收益，投资人需要分散投资，英美两国在投资分散上都有规定。

英国 P2P 网贷平台 Zopa 和 RateSetter 都规定，投资人不能将全部资金借给一个对象，必须在超过 50 人的借款人之间分配。上述两家平台会自动将出借人的资金分割为 10 英镑的小包，投资人再选择对每个借款人如何分配。另一平台 Funding Circle 也采取了类似的做法，但由于该网站主要是借钱给中小企业，所以也允许投资人自由选择，是否要分散投资，并且投资人要对借钱企业的财务报表进行深入分析研究。

美国 P2P 网贷平台 Lending Club 提供了两种分散投资的方法：（1）手动投资：投资人浏览各种借款项目，然后自己手动选择要投资的项目；（2）自动投资：投资人设置投资限定条件，当有符合条件的借款项目时，自动投资系统将为投资人下单。

中国《管理办法》中也规定，网络借贷金额应当以小额为主。网络借贷信息中介机构应当根据本机构风险管理能力，控制同一借款人在本机构的单笔借款上限和借款余额上限，防范信贷集中风险。同一自然人在同一网络借贷信息中介平台的借款余额上限不超过 20 万元人民币；同一法人或其他组织在同一网络借贷信息中介机构平台的借款余额上限不超过 100 万元人民币；同一自然人在不同网络借贷信息中介机构平台接口总余额不超过 100 万元人民币，同一法人或其他组织在不同网络借贷信息中介机构平台借款总余额不超过 500 万元人民币。

8.3.13　网络与信息安全

英国《协会运营法则》规定，成员公司必须确保他们的 IT 系统安全可靠，并与经营业务的规模、复杂性相称。

美国 Electronic Commerce Laws 相关法律规定，P2P 网贷平台必须符合电子签名等相关法律。

中国在《管理办法（征求意见稿）》中规定，网络借贷信息中介机构应按照国家网络安全相关规定和国家信息安全等级保护制度的要求，开展信息系统定级备案和等级测试，具有完善的防火墙、入侵检测、数据加密以及灾难恢复等网络安全设施和管理制度，建立信息科技管理、科技风险管理和科技审计有关制度，配置充足的资源，采取完善的管理控制措施和技术手段保障信息系统安全稳健运行，保护出借人与借款人的信息安全。

更进一步地，对于互联网金融较多涉及的电子签名、电子合同等方面也进行了规范：各方参与网络借贷信息中介机构业务活动，需要对出借人与借款人的基本信息和交易信息等使用电子签名、电子认证时，应当遵守法律法规的规定，保障数据的真实性、完整性及电子签名、电子认证的法律效力。

8.3.14 破产安排

英国采取的是中介模式，资金采取第三方托管，平台将自有资金与客户资金进行隔离，隔离账户里资金的所有权属于用户，如果公司倒闭，则隔离账户里的资金将首先用于偿付投资者的赔偿要求，所以在 P2P 网贷平台倒闭的情况下投资者是可以顺利拿回资金的。以英国 P2P 企业 Funding Circle 为例，该平台是 FCA 创始会员之一，专注于向中小企业提供贷款。Funding Circle 将投资者在平台的资金都存放在巴克莱银行的客户隔离账户里，平台只能按照相关条例和合约进行资金划转，并需对资金流进行记录。在极端情况下，若公司倒闭或破产，则平台上建立的借贷关系依然有效，所有的未偿还贷款将转移到第三方服务商——Link Financial Outsourcing Limited，由其代为从借款方接收还款资金并分发给投资者，而投资者存在平台上的资金也会由巴克莱银行在 14 个工作日内分发到各个投资者的银行账户里。

而美国则差异很大，美国监管部门将 P2P 网贷平台定性为债券交易商，而不是信息中介，P2P 企业需要遵守《1933 年证券法》。根据美国证券法，企业需要将客户资金存入分离账户进行托管，与其自身经营资金分离。然而，尽管也是第三方托管，但分离账户的所有权属于公司，一旦平台破产，分离账户里的资金会被列入清算，投资者只能作为企业的债权人按照破产法来寻求补偿。

而由于我国与英国均将 P2P 企业定义为信息中介，而且我国传统的资产托管模式也与英国的隔离账户机制一致，所以《管理办法（征求意见稿）》规定，网络借贷信息中介机构业务暂停或者终止，不影响已经签订的借贷合同当事人有关权利义务。网络借贷信息中介机构因解散、被依法撤销或宣告破产而终止的，应当在解散、被撤销或破产前，妥善处理已撮合存续的借贷业务，清算事宜按照有关法律法规的规定办理。

8.3.15　债务催收

英国 P2P 网贷平台由于其中介性质，所以催收一般以合作催收机构进行。以 Ratesetter 为例，一旦借款人出现了逾期还款或违约，RateSetter 会以投资者名义向预备基金发出声明，系统会及时保证还款至投资者账户。而针对借款者端，则由平台合作催收机构负责催收，超过一定期限借款者仍未还款，则作为违约处理，如果最终有追回的资金，则在扣除费用后转回风险准备金账户。

美国采取的也是第三方催收方式，同时 *Debt Collection Practices* 也规定，第三方催收机构须符合联邦《公平催收法案》等相关法律。

在中国《管理办法》中，没有对借款人逾期还款或者违约下的催收进行具体规定，且其他相关法律也没有进行专门明确，后续随着行业的发展，预计这一方面将不断完善。

基于比较分析角度，总的来看，三国都针对 P2P 网贷行业确定了具体的监管机构；在监管法律上，中英两国侧重于制定专门的监管细则，美国则依赖其庞大的现有法律系统进行监管。在 P2P 网贷平台准入门槛及投资者门槛上，英美两国均严于中国；在运营模式上，中英两国坚持 P2P 网贷平台的信息中介原则，美国则采取证券模式进行监管，这也导致了在 P2P 网贷平台破产情况下的不同处置结果；在行业自律组织建设上，英国是最为成功的，而中国在这一方面也正在逐步完善；一些互联网金融行业协会和网贷协会逐步建立；投资者权益保护方面，英美两国均有专门的金融消费者保护组织，中国当前出台的新的监管政策中，对投资者保护提出纲领性意见，具体保护细则待后续陆续出台。另外，再加上平台报告制度、项目信息披露、资金管理、小额分散投资风险、投资者教育这些相同而又有区分的监管要点，共同构成了中国的监管体系。

本项目创新之处及本报告意义

9.1 本项目创新之处

（1）在课题定位上，本课题创新性地提出了"投资价值"这一概念，并基于该概念，对各 P2P 网贷企业作了全面、综合、动态的评价，而非单一片面地追求平台的规模、数据等现象。

（2）在理论溯源上，本课题根据投资价值的内涵，对 P2P 金融资产的本质和 P2P 企业的综合投资价值，进行了理论上的追溯，更为有效地指导了课题研究实践。

（3）在数据获取上，本课题除了线上搜集外，还创新性地通过 O2O 线下调研体系，对线上获取的数据进行真实性地甄别与补充，保障了数据的准确性。

（4）在评价方法上，本课题基于 IFRM 动态评价体系，不仅包含线上研究，更是涵盖了 O2O 线下调研方法和 DW 动态监测渠道，对平台进行深入调研，并根据动态监测结果随时调整，确保了评价结果的时效性和灵活性。且整个指标体系中，以定量分析为主，减少了评价的主观性，保障了评价结果的客观性。

（5）在评价方式上，本课题针对不同平台的类型，深入到风险内部，采取了权重调整的方法，评价结果更为准确。

（6）在评价结果发展上，本课题基于动态的评价体系，各平台的数据指标，甚至于整个评价体系，都将随着行业、平台的变化而变化。

（7）在行业趋势契合上，本课题创新性地从平台转向了债权，对当下几种主流的资产类型分类别进行了研究，契合了行业未来的发展方向和风控要求。

9.2　本报告的意义

（1）投资价值评价的可持续性

本报告基于投资价值的内涵，折射到对企业未来健康可持续发展能力和投资标的风险收益匹配度的考察，突破了行业评价更多停留在历史问题和表层现象分析的层面，而紧随众 P2P 企业变化和问题的评价主题，因此拥有了紧跟行业发展的可持续性特征。

（2）投资价值评价的发展性

基于买方立场的动态评价体系 IFRM，突破了仅从成交量、规模等单一、静态的数据层面评价企业的局限，是一个动态的、现实的研究体系。它内在地要求本报告，根据现实环境的变化，紧绕投资价值评价内涵，不断修正自身，扩展外延，实现可持续发展。

投资价值视角下 P2P
网贷行业存在的问题及政策建议

从 2007 年中国第一家 P2P 网贷平台上线开始，中国 P2P 网贷行业经历了萌芽、沉淀、爆发的过程，数据统计，2016 年 1～7 月全国 P2P 网贷成交额突破万亿元，历史累计成交额突破 23000 亿元，贷款余额超过 6000亿元，发展速度迅猛。但我们同时也可以看到，截至 2016 年 6 月末，银行业金融机构的资产总额达到了 218 万亿元，P2P 贷款余额占银行业金融机构资产总额的比例还非常之小，在社会总融资中的比例就更加小了。按照行业成长周期模型及国外成熟经验，可以预计的是，在未来的很长一段时间里，P2P 网贷行业仍将保持快速发展，预计到 2020 年，网贷基金年成交额将突破 8 万亿元。

10.1 存在的问题

按照投资价值评价模型，从平台基础实力、平台运营实力、安全保障实力、信息透明度和用户体验感五个方面针对主要存在的问题进行解析。

（1）平台基础实力

2015 年，国家相继出台了《关于促进互联网金融健康发展的指导意见》、《非银行支付机构网络支付业务管理办法（征求意见稿）》、《关于加强金融消费者权益保护工作的指导意见》等政策，确立了 P2P 网贷平台的合法化地位，同时明确 P2P 网贷行业由中国银监会监管，平台为信息中介，不得提供增信业务。此外，鼓励互联网金融机构接入征信系统，规定第三方支付只能提供通道业务，不能直接从事 P2P、众筹等互联网金融业务，P2P 托管业务按照银行开展的措施执行。以上政策对于 P2P 网贷平台而言，在资质、渠道资源、盈利能力等方面的门槛将大大提高，成本承受力受到挑战。

目前市场上存在的 P2P 网贷平台有 3000 多家，但是绝大部分的平台存在成立时间短、运营模式混乱等情况，市场二八分化格局加剧。在监管细则出台落地的背景下，行业洗牌在所难免，小规模的 P2P 网贷平台主动关门和倒闭，投资者和平台应提前规避此方面的风险。

（2）平台运营实力

平台运营实力主要包括对平台运营风险的控制和对平台操作风险的控制。

P2P 网贷平台运营风险主要体现在盈利模式和风控模式的不合理，以及刚性兑付给平台带来的系统性风险。

盈利模式方面，P2P 网贷平台的盈利模式决定了只有其运营规模达到一定程度后才具有盈利能力。如果经营管理不到位或资产缺乏，就会导致平台出现亏损或倒闭，盈利模式不合理也会给平台造成很大的风险。

风控模式方面，P2P 网贷行业的本质是金融，金融的基础是风险控制。借款者方面，首先对自身能力的评估不够或者由于偶发因素导致财务状况恶化将导致违约风险的产生。其次，借款者在 P2P 网贷平台上融资时，要提交诸如身份信息、营业执照、银行流水单等证明材料，然后 P2P 网贷平台通过审核这些资料对借款者进行信用评级，这些资料的可靠性和真实性难以评价，蕴含着造假的可能性，进一步扩大了违约风险。从 P2P 网贷行业较高的坏账率不难看出，目前网贷平台的风控模式和水平有待改进和提高。

刚性兑付是指在 P2P 网贷行业成长期为了吸引投资者，赢得投资者的信赖，平台将本该投资者自己承担的风险包揽下来。但刚性兑付并不符合市场经济的规律，加剧了平台的资产风险。从长期看，P2P 网贷平台作为纯信息撮合中介只提供信息服务，不是担保机构更不是信用机构，它应该引导市场进入一个正向循环，而不是"温水煮青蛙"的恶性循环。因为，承诺刚性兑付的平台一旦破产，刚性兑付自然成为空谈。

P2P 网贷平台操作风险主要包括信息审核风险、流动性风险、资金池风险、平台道德风险等方面。

借贷信息审核风险方面，现阶段我国的征信系统处于不断补充和完善的阶段，P2P 网络借贷的数据没有被纳入征信系统，大部分 P2P 网贷平台没有征信系统的使用权，这在一定程度上弱化了 P2P 网络信贷平台对借款者信息的全面掌握，增加了审核难度，提高了审核失实的概率。

流动性风险方面，平台将债权拆分成期限不同、金额不同的份额出售给投资人，或者由平台直接将期限较长、金额较大的借款需求拆分成金额更小、期限较短的借款标的，以便尽快将期限长、金额大的借款需求推销出去。在这种模式下，借款需求通过网贷平台实现了期限转换，存在期限错配、金额错配的问题，很可能引发流动性风险。

资金池风险方面，我国 P2P 网贷平台的资金管理制度还不完善，平台自有资金和投资者资金无法有效分开管理，很容易形成"资金池"模式。

平台道德风险方面，一些 P2P 网贷平台怠于履行其信息审核义务，不能及时发现或者是默许借款人在平台上发布大量虚假借款信息，部分平台甚至通过虚假标的的方式欺骗投资者，将募集的资金自用，用于承接房地产、资源行业以及过剩产业的资产，为关联企业吸纳资金等，但企业的利润根本无法覆盖高额利息，最终运营不当导致倒闭、跑路。

（3）安全保障实力

一些投资者之所以热衷于 P2P 投资，除高收益率的吸引外，还来自平台的安全保障实力，安全保障实力主要体现在风险准备金、担保等方面。

风险准备金方面，部分平台的本息保障计划采用了风险准备金机制，但风险准备金对投资者的资金不能实现全覆盖。即使是贷款逾期率和坏账率较低的人人贷，其风险准备金对投资者的保护也是很有限的。人人贷根据借款者不同的信用等级从服务费中抽取相应的风险准备金，用于本金保障计划，一旦风险准备金用完，就停止向投资者偿付，直到计提了新的风险准备金。与此同时，多数 P2P 网贷平台公司对风险准备金提取数额和使用情况都不公开，也缺乏有效的内外部监管。

担保方面，虽然目前担保公司已经是 P2P 网贷平台的"标配"，但担保形式和程度千差万别。虽然都是担保公司，但担保公司的性质、实力却又有天壤之别。目前许多平台找的是非融资性担保机构，其担保能力没有监管和考核。另外，有些担保机构与信贷平台存在高度关联性，有些自融性平台自己给自己担保，这些因素大大增加了投资者的风险。

（4）信息透明度

由于缺乏统一的行业标准，P2P 网贷平台的信息公开不全面、不规范、不对称，容易导致投资者对借款项目判断错误，增加投资风险。例如，很多平台就没有披露其管理团队成员的状况或者标的信息，导致投资者对于项目风险的把控难度加大。

（5）用户体验感

用户体验感方面，是当前中国 P2P 企业做得较为完善的一部分。但是由于互联网信息尤其是 P2P 舆情信息多且庞杂，无形中提高了投资者对信息辨识的要求。这些方面的规范性同样也需要国家相关监管政策的落地。

10.2　政策建议

针对上述存在的问题，并结合第八章关于 P2P 最发达的中美英三国监管的比较内容（监管机构、监管政策以及 P2P 网贷平台准入门槛、行业自律机构建设、运营模式、平台报告制度、项目信息披露、资金管理、投资者门槛、防欺诈与防洗钱、消费者隐私保护、投资者权益保护、投资者教

育、小额分散投资风险控制、网络与信息安全、破产安排、债务催收 15
项监管细则共计三大部分），我们可以对未来的监管重点进行如下分析：

（1）从组织机构和法律体系构建完整的监管框架

构建健全的 P2P 监管体系需要以完善的组织机构和金融法律体系为基
础。目前我国金融体系监管以"一行三会"分业监管为基础，当创新性金
融产品或跨行业产品服务出现时，行业监管就难以实现全覆盖而导致可能
存在监管漏洞，与此同时，虽然在我国目前已存在以银行、证券、保险、
信托等专门法，金融法律、行政法规和规章为主体，相关的司法解释为补
充的金融法律体系，但对于包括 P2P 在内的互联网金融产业领域而言，仍
存在着空白区域和灰色地带。《网络借贷信息中介机构业务活动管理暂行
办法》中虽然已经对 P2P 的监管主体做了明确定义，针对法律体系方面做
了纲领性要求，但是相关细则政策仍待出台。所以，必须加强监管机构的
协调与配合，并不断完善相关细则确保 P2P 行业的监管到位。

具体而言，可以建立行业协会，制定统一的标准对业务合理划分等
级，促使 P2P 交易更加透明化、规范化。此外，也可结合实际情况，建立
地方性的 P2P 网贷行业规章制度或者鼓励 P2P 网贷平台设立共同基金防范
风险。

（2）按照业务进行监管

互联网金融不同于传统金融，其基于互联网点对点的信息交互和关系
发生，比传统的一对多要复杂许多，同时基于互联网的传播速度快，其产
品结构设计也更加复杂，除现有的 P2P 网络借贷外，还可能不断出现其他
创新的金融形式，而且这种创新的金融形式是跨界的、综合的。此时按照
对平台的单一定性来监管，可能导致监管过严或者监管漏洞，例如，中国
的很多 P2P 网贷平台已经开始转型财富管理平台。

根据金融功能的分类，基于业务来组织监管要比基于机构来组织监管
更稳定和更有效率。因此，对于互联网金融的监管需要突破传统的对相关
进行定性分类监管的思路，而采用根据参与机构业务行为进行分类监管的

方式。在 P2P 网贷行业监管中，各 P2P 业务参与机构按业务行为接受相应主管部门的监管，不同主管部门应该更加强联动和协调。

（3）建立平台信息披露机制，扩大外部监管

坚持体现大众利益的原则，强化政府的规划指导作用，在不涉及商业机密和个人隐私的情况下，对 P2P 网贷平台标的信息、财务报告、风险提示、逾期贷款、坏账率及有必要公开的内容进行披露，促进 P2P 网贷平台有序竞争，健康发展。

（4）建立完善征信体系和信用信息共享机制

依托先进的互联网技术，尽快推进信用卡、社交网络、网购、工商登记、税收缴纳、社保缴费、交通违章等信用信息的统一平台建设，同时加快建立各 P2P 网贷平台全面的信用信息共享机制，使 P2P 网贷平台的风险识别和投资人的风险承担变得有据可查。

（5）重视新技术的应用

积极应用互联网金融创新技术，鼓励支持 P2P 网贷平台利用以大数据、云计算、物联网为代表的互联网技术，推广小额信用贷款，通过差异化经营策略，找准自身的市场定位，强化自身优势和独特性。

（6）优化互联网金融发展环境

地方政府应加大政策支持力度，完善配套服务体系，加强对投资者的互联网金融知识普及和风险教育，大力培育互联网金融的复合型人才。

（7）着力消费者保护

在各国的金融监管中，消费者保护从来都是最重要的监管目标之一。上述的投资者准入门槛、消费者隐私、投资者教育、投资者权益保护都与此相关，在投资者准入门槛、投资者教育上，中外因为现实情况不同而导致监管的程度并不一致，目前我国互联网金融投资者群体存在一些问题，如投资者规模偏小、专业化程度偏低、散户居多，投资者自我保护意识不足，几乎没有机构投资者，投资者保护依旧任重道远。此外，以国际经验看，在金融业跨业经营格局下，强化统一的金融消费者保护

是大势所趋。英国有专门的金融申诉专员服务公司（FOS），美国则成立了消费者金融保护局（CFPB）且地位超然。因此，在金融脱媒、构建多层次资本市场的大环境下，在条件成熟时，可以考虑进一步完善、改进金融消费者保护机制及组织机构，在金融消费者保护立法、金融消费者教育、金融消费者维权诉讼等方面更好地发挥作用。或者，在现行各级消费者协会内部，设立专门的金融消费者保护工作协会，以加强对金融消费者的保护和教育。

10.3　结语

本课题 P2P 网贷平台投资价值评价结果显示，随着运营经验的丰富以及国家监管政策的相继出台，P2P 网贷行业整体发展不断趋于理性、健康。P2P 投资价值评价的核心将从平台评价向"平台 + 债权"双重评价转变，业务风险收益均衡、可持续发展能力等方面将决定 P2P 长远投资价值。

由于平台资金池、自融等典型问题仍然存在，且这些问题在《网络借贷信息中介机构业务活动管理暂行办法》已被列为禁止行为，建议平台投资者对可能存在相关问题的平台一票否决；同时，在平台去担保化和信息中介定位的趋势，投资者在投资时不应仅仅从平台背景实力、保障等方面评价，而应该在此基础上综合平台业务的风险性、收益性，构建以风险收益均衡为核心的投资价值新理念；最后，坚持"精选债权、小额分散"原则，不要将鸡蛋放到同一个篮子里，合理的资金配比也是风险收益均衡、实现投资价值的重要方面。

在本次评价过程中，中国企业评价协会、信达财产保险股份有限公司、中国互联网经济研究院和星火互联网金融研究院四方对于行业线上、线下的数据进行了详细分析与研究，并在行业首先倡导投资价值评价的理念，取得了一定成果。

　　由于互联网金融创新及产品更迭速度极快，在评价过程中可能存在尚未预料到的因素，四方未来会根据行业变化而不断动态调整及完善。我们也希望对 P2P 网贷行业、对互联网金融有深入研究的同行们给予支持并提出您的宝贵意见，为中国普惠金融的明天共同努力！

参考文献

［1］黄国平，伍旭川．中国网络信贷行业发展报告（2014～2015）——P2P 网贷平台风险评级与分析［M］．北京：社会科学文献出版社，2015.4.

［2］杨立．P2P 网贷基金［M］．北京：中国金融出版社，2015.12.

［3］龙西安．个人信用、征信与法［M］．北京：中国金融出版社，2004.10.

［4］李元华．温州民间融资及开放性资本市场研究［M］．北京：中国经济出版社，2002.3.

［5］钱坤．专利权质押融资理论与实践研究［M］．北京：社会科学文献出版社，2015.9.

［6］王会娟．P2P 网络借贷中出借人的投资策略［J］．金融论坛，2014（10）.

［7］胡海青．信息不对称下 P2P 网络借贷投资者行为的实证［J］．中国流通经济，2015（10）.

［8］张正平，胡亚男，胡夏露．P2P 借款人融资可得性影响因素的实证研究：基于结构方程模型的检验［J］．北京工商大学学报（社会科学版），2015（2）.

［9］严圣阳．P2P 网贷收益率影响因素的实证研究［J］．商业经济研究，2015（19）.

［10］姚莲芳．我国 P2P 网络借贷业务模式发展研究［J］．武汉金融，2014（9）．

［11］宋鹏程，吴志国，Melissa Guzy．生存之道：P2P 借贷平台的业务模式研究［J］．新金融，2013（11）．

［12］黄叶苊，齐晓雯．网络借贷中的风险控制［J］．金融理论与实践，2012（4）．

［13］张昭，朱峻萱，李安渝．我国 P2P 网贷行业综合评价体系研究［J］．海南金融，2015（3）．

［14］岳铭，张思敏，谢朝阳．我国 P2P 网络借贷平台的信用评级问题探讨［J］．商业时代，2014（31）．

［15］田皓文，车耀武．P2P 网贷评级问题浅析［J］．现代商业，2015（20）．

［16］汪洋．P2P 小额信贷风险管理：比较与评析［J］．学习与实践，2014（8）．

［17］陈冬宇，李伟军，彭中礼，徐赟．网络借贷引入第三方个人征信的必要性探讨［J］．征信，2012（1）．

［18］王佳，湛维明，戎杰．P2P 互联网金融信用评级方法浅析［J］．合作经济与科技，2015（16）．

［19］肖肖，骆建文．基于大数据的互联网融资平台信用评级［J］．现代管理科学，2015（1）．

［20］黄志华，张振宇，龚金辉．一种基于共享时长的 P2P 用户评价机制［J］．计算机工程，2011（22）．

［21］孙同阳，谢朝阳．基于决策树的 P2P 网贷信用风险评价［J］．商业经济研究，2015（2）．

［22］王会娟，廖理．中国 P2P 网络借贷平台信用认证机制研究：来自"人人贷"的经验证据［J］．中国工业经济，2014（4）．

［23］吴晓光．论 P2P 网络借贷平台的客户权益保护［J］．金融理论

与实践，2012（2）．

　　［24］伍坚．我国 P2P 网贷平台监管的制度构建［J］．法学，2015（4）．

　　［25］刘绘，沈庆劼．我国 P2P 网络借贷的风险与监管研究［J］．财经问题研究，2015（1）．

　　［26］刘丹，李毅超，余三超，陈沁源．面向 P2P 网络的 DDoS 攻击抑制方法［J］．电子科技大学学报，2011（1）．

　　［27］Harry M. Markowitz. Portfolio Selection［J］．Journal of Finance，Mar. 1952.

　　［28］William F. Sharpe. Capital Asset Prices：A Theory of Market Equilibrum Under Conditions Risk［J］．Journal of Finance，Sept. 1964.

　　［29］James Tobin. Liquidity Preference as Behavior Risk［J］．The Review of Economic Studies，Feb. 1958.

　　［30］Peter Renton. What Percentage of Your Investments Should be in P2P Lending?［EB］．Lend Academy，Jul. 2011.

　　［31］Simon Cunningham. Lending Club Strategy：5 Simple Ways to Increase Returns［EB］．Lending Memo，Nov. 2014.

　　［32］Rob Berger. Prosper vs. Lending Club SmackDown – Who Has the Best Interest Rates?［EB］．The Dough Roller，Feb. 2008.

　　［33］Kevin Mercadante. Is P2P Lending a Good Investment?［EB］．The Dough Roller，Oct. 2015.

版权说明 2016

本报告所包含但不限于文本、图表、数据、图标等在内的所有内容，所有权由中国企业评价协会、信达财产保险股份有限公司、中国互联网经济研究院和星火互联网金融研究院四方共有，研究模型知识产权和数据归星火互联网金融研究院所有，受中国及国际版权法的保护。

本报告上所有内容的复制，本课题组享有排他权并受中国及国际版权法的保护。

严禁对本报告上述内容进行包括但不限于修改、发布、转发、再版、交易、演示等行为。

中国企业评价协会将报告使用权免费授权给星火互联网金融研究院。星火互联网金融研究院可将本次报告的模式、数据和结果用于非商业化或商业化用途并享受所有权益。

中国企业评价协会对报告中其他三方的知识产权负责。

本报告有关版权问题适用中华人民共和国法律，四方保留随时解释和更改上述免责事由及条款的权利。

关于我们

（1）中国企业评价协会

中国企业评价协会隶属于国务院发展研究中心，是目前国内唯一一家在国家民政部注册的，专门从事全国性企业评价、研究、咨询工作的社团法人组织。

自 1988 年起，中国企业评价中心会同国务院各有关部委，按照国际惯例连续 8 年发布了中国 500 家最大工业企业、最佳经济效益企业、服务业企业和建筑业企业评价结果。自 2000 年起，中国企业评价协会会同国家发改委、国家统计局、国家工商行政管理总局等相关机构连续每年推出《中国大企业集团发展报告》、《中国成长型中小企业发展报告》暨中国 500 家成长型中小企业评价；2009 年开展了"中国企业自主创新 TOP100 系列评价"，出版了《中国企业自主创新评价报告（2009～2015 年）》，上述研究评价对我国企业健康发展、创新起到了积极的推动作用。

（2）信达财产保险股份有限公司

信达财产保险股份有限公司是经中国保险监督管理委员会批准，由中国信达资产管理股份有限公司作为主发起人，联合信达投资有限公司、北京东方信达资产经营总公司等 13 家大中型国有企业及部分优秀民营企业发起设立的全国性财产保险公司。注册资本金为 30 亿元。

信达财险在认真做好传统业务的同时，注重产品创新，先后推出了"著作权交易保证保险"、"专利侵权调查费用保险"、"中小企业贷款履约保证保险"和"国内贸易短期信用保险"等创新业务。其中，"中小企业贷款履约保证保险"被《中国保险报》评选为 2013 年年度创新保险产品。信达财险的客户群体涉及银行、煤炭、化工、航天、能源、货运、通信等多个行业领域。

（3）中国互联网经济研究院

中国互联网经济研究院是中央财经大学直属科研机构，同时也是电子商务交易技术国家工程实验室成员单位——互联网经济与金融研究中心，还是北京市教育委员会和北京市哲学社会科学规划办公室批准成立的北京市哲学社会科学重点研究基地——首都互联网经济发展研究基地。

研究院自成立以来，追求"学术研究要顶天，服务社会要落地"的研究宗旨，承担了国家科技支撑计划、国家自然科学基金、国家社会科学基金、教育部社会科学研究、北京社会科学基金等多项重大和重点课题研究工作，取得了一系列创新性的研究成果。先后出版了《2013 互联网金融元年：跨界、变革与融合》、《2014 互联网金融监管：自律、包容与创新》、《2014 互联网经济：中国经济发展新形态》、《2015 互联网经济：中国经济发展新动力》和《互联网与社会发展》等专著，于 2015 年中国电子商务创新发展峰会上获得"最具影响力研究机构奖"。

（4）星火互联网金融研究院

星火互联网金融研究院（Xeenho Internet Financial Institute，XIFI）是湖南星投信息服务有限公司（核心产品：星火钱包）旗下国内领先的互联网金融研究机构，星火钱包由美国 Wharton School of the University of Pennsylvania、英国 University of Brighton 和首批"985"工程高校中南大学的 8 位金融学博士联合创始成立，创新性地独创了 IFRM 动态风险评价体系，P2P 投资累计金额超过 4 亿元，坏账率几乎为零，目前已成为中国网贷基金行业领跑者。

星火互联网金融研究院始终秉承"独立、严谨"的理念，紧跟国际互联网金融发展动态，为个人、企业和政府提供最为及时和准确的研究报告，力求成为中国首家针对买方市场的顶级互联网金融研究机构。研究院深度关注国际国内资讯，把握互联网金融发展脉络，为用户提供高质量的研究咨询服务，其内容涵盖 P2P 网贷平台风险评估、投资组合，众筹、第三方支付以及电子货币的行业分析。研究院团队学历扎实，背景复合。博士、硕士占比 90% 以上，其中 80% 以上同时具有数学、金融和互联网行业研究经验，依托公司核心产品"星火钱包"，研究院采用投研结合的培养模式，为中国互联网金融的发展提供研究建议与智力支持。

附录 A

P2P 企业投资价值评价 BTOSE 指标体系

附录一 综合评价指标体系

目标	一级指标	二级指标	三级指标	分值分配	数据指标
P2P 网贷平台风险评价 BTOSE 定量体系	平台基础实力(210)	成立条件(60)	注册资本实力	30	注册资本
					实缴资本
			公司成立时长	10	注册时间
			股东稳定性	20	股东变更稳定情况
		地理位置优劣势(10)	注册地	5	注册地、注册地属性
			办公地	5	办公地、办公地属性、注册地与办公地相同
		股东实力(30)	股东行业背景	10	股东金融背景整体情况
					股东互联网背景整体情况
			最大股东实力情况	20	最大股东名称、最大股东经济实力
					最大股东技术实力
		公司高管实力(35)	高管人数	5	高管数量
			高管教育背景	10	高管教育背景整体情况
			高管是否有变动	10	高管变动整体情况,包括次数、变动人员的级别
			高管从业经验	10	高管从业经验整体情况

续表

目标	一级指标	二级指标	三级指标	分值分配	数据指标
P2P 网贷平台风险评价 BTOSE 定量体系	平台基础实力（210）	融资背景（30）	融资时间	15	A 轮融资时间、最后一轮融资时间、融资时间整体情况
			融资实力情况	15	A 轮融资金额、已完成融资次数、总融资金额、融资实力整体情况
		标的合理性（45）	平台产品类型设置及布局的合理程度	10	平台产品类型设置及布局的合理程度
			平台平均单笔标的额的合理程度	10	平台平均单笔标的额的合理程度
			平台标的数量的合理程度	10	平台标的数量的合理程度
			标的期限的合理程度	5	平台标的期限的合理程度
			标的抵押物估值的合理程度	5	
			续标占比的合理程度	5	
	平台运营实力（210）	平台活跃程度和规模（40）	贷款余额	10	近四周平均贷款余额数、表现情况
			投资人数	10	总投资人数、最近一周新投资人数、表现情况
			借款人数	10	总借款人数、最近一周借款人数、表现情况
			注册人数	10	注册总人数、表现情况
		风险分散性（20）	投资分散性	10	前十名投资占比数
			借款分散性	10	前十名借款占比数
		逾期和坏账情况（60）	借款人逾期率	10	平台借款人逾期情况
			借款标的逾期率	10	平台借款标的逾期情况
			平台坏账率	10	平台坏账率、平台坏账情况
			逾期标的平均逾期周期	10	逾期标的平均逾期周期、平均逾期情况
			抵押物或逾期标的处置能力	20	逾期标的跟踪处理能力

目标	一级指标	二级指标	三级指标	分值分配	数据指标
P2P 网贷平台风险评价 BTOSE 定量体系	平台运营实力（210）	资金留存情况（20）	标的平均满标时间	10	近四周标的平均满标时间、情况好坏判断
			发标充盈率	10	平台近四周日均发标金额、日均发标数量、发标充盈情况
		流动性实力（30）	投资人资金流动性	20	有无净值标、有无债权转让机制
					净值标可操作性、债权转让机制可操作性
			平台自身流动性	10	现金流走势情况
		财务及收益状况（30）	平台盈利情况	10	所属公司盈利情况
			平台市场投入情况	10	所属公司市场投入情况
			平台的技术投入情况	10	所属公司技术投入情况
		其他（10）	平台上线运营时长	5	平台上线时间
			平台 ALEXA 排名	5	平台 ALEXA 排名
	安全保障实力（250）	风险准备金保障实力（80）	有无风险准备金	20	风险准备金金额
					风险准备金是否可查
			风险准备金托管方式及托管机构	10	风险准备金托管
			风险准备金覆盖程度	30	风险准备金覆盖率
			风险准备金赔付机制	20	风险准备金赔付机制合理程度
		担保保障实力（90）	担保覆盖程度	20	担保覆盖率、担保覆盖程度
			担保公司资本实力	20	平台的担保公司平均注册资本额、平台担保公司的综合资本实力
			担保公司法人、股东等背景实力	10	担保公司的法人股东的金融和互联网背景综合实力
			担保公司与平台关系的合理程度	20	担保公司与平台关系
			担保公司的信息披露力度	10	担保公司信息披露力度
			担保机构的历史舆情	10	担保机构的历史舆情情况，综合考察有无失信、被执行等情况以及正面、负面舆情情况

续表

目标	一级指标	二级指标	三级指标	分值分配	数据指标
P2P 网贷平台风险评价 BTOSE 定量体系	安全保障实力（250）	资金托管程度（30）	银行		资金托管程度
			第三方支付机构		
			无资金托管		
		IT 技术（50）	技术研发能力	20	技术研发人数、技术研发最低学历、技术研发最高学历、技术研发实力综合评价
			信息安全漏洞出现后的处置应对能力	20	信息安全漏洞出现后的处置应对能力
			服务器等硬件实力	10	服务器硬件实力
	信息透明度（250）	平台标的信息公开程度（100）	标的详情公开程度	60	标的详情公开程度
			历史交易明细可追溯程度	20	历史交易明细可追溯程度
			逾期黑名单公开程度	20	逾期黑名单公开程度
		平台管理信息公开程度（100）	运营团队	60	运营团队情况公开程度
					高管团队真实参与运营管理
					运营团队金融背景实力
					运营团队风控背景实力
					运营团队互联网背景实力
					运营团队学历
					运营团队从业年限
			论坛公开程度	20	论坛公开程度
			年报或季报信息披露情况	20	平台逾期率和坏账率是否公布
					平台运营数据公布
		外部监管力度（50）	所获风投监管情况	10	风投或资本（包括母公司）监管情况
			投监会监管情况	10	投监会监管情况
			政府监管情况	10	政府监管情况
			实名认证情况	10	实名认证情况
			NFCS 合作情况	10	NFCS 合作情况

续表

目标	一级指标	二级指标	三级指标	分值分配	数据指标
P2P 网贷平台风险评价 BTOSE 定量体系	用户体验感（80）	平台满意度（50）	平台操作便捷度	10	平台操作便捷度
			充值便捷度	5	充值便捷度
			提现便捷度	5	提现便捷度
			有无移动端	5	有无移动端
			网站公告及时性	5	网站公告及时性
			客服的服务态度	5	客服的服务态度
			处理问题的效率	10	处理问题的效率
			是否有在线交流系统	5	是否有在线交流系统
		收益满意度（20）	平台利率水平	10	平台利率水平
			投资人交易费用收取满意度	10	投资人交易费用收取满意度
		社会舆情（10）	正面报道		正面报道情况
			负面报道		负面报道情况

附录二　国资系评价指标体系

目标	一级指标	二级指标	分值分配	三级指标
P2P 网贷平台风险评价 BTOSE 定量体系	平台基础实力（250）	成立条件（60）	30	注册资本实力
			10	公司成立时长
			20	股东稳定性
		地理位置优劣势（10）	5	注册地
			5	办公地
		股东实力（40）	20	股东行业背景
			2	最大股东实力情况
		公司高管实力（45）	5	高管人数
			20	高管教育背景
			20	高管从业经验
		融资背景（40）	40	国资背景实力

目标	一级指标	二级指标	分值分配	三级指标
P2P 网贷平台风险评价 BTOSE 定量体系	平台基础实力（250）	标的合理性（55）	10	平台产品类型设置及布局的合理程度
			10	平台平均单笔标的额的合理程度
			10	平台标的数量的合理程度
			5	标的期限的合理程度
			10	标的抵押物估值的合理程度
			10	续标占比的合理程度
	平台运营实力（150）	平台活跃程度和规模（20）	5	待收余额
			5	投资人数
			5	借款人数
			5	注册人数
		风险分散性（15）	10	投资分散性
			5	借款分散性
		逾期和坏账情况（45）	5	借款人逾期率
			5	借款标的逾期率
			5	平台坏账率
			10	逾期标的平均逾期周期
			20	抵押物或逾期标的跟踪处置能力
		资金留存情况（10）	5	标的平均满标时间
			5	发标充盈率
		流动性实力（20）	10	投资人资金流动性
			10	平台自身流动性
		财务及收益状况（30）	10	平台盈利情况
			10	平台市场投入情况
			10	平台的技术投入情况
		其他（10）	5	平台上线运营时长
			5	平台 ALEXA 排名
	安全保障实力（295）	风险准备金保障实力（100）	20	有无风险准备金
			20	风险准备金托管方式及托管机构
			30	风险准备金覆盖程度
			30	风险准备金赔付机制

目标	一级指标	二级指标	分值分配	三级指标
P2P 网贷平台风险评价 BTOSE 定量体系	安全保障实力（295）	担保保障实力（110）	20	担保覆盖程度
			20	担保公司资本实力
			20	担保公司法人、股东等背景实力
			20	担保公司与平台关系的合理程度
			20	担保公司的信息披露力度
			10	担保机构的历史舆情
		资金托管程度（35）	35	银行
				第三方支付机构
				无资金托管
		IT 技术（50）	20	技术研发能力
			20	信息安全漏洞出现后的处置应对能力
			10	服务器等硬件实力
	信息透明度（250）	平台标的信息公开程度（100）	60	标的详情公开程度
			20	历史交易明细可追溯程度
			20	逾期黑名单公开程度
		平台管理信息公开程度（100）	50	运营团队
			30	论坛公开程度
			20	年报或季报信息披露情况
		外部监管力度（50）	10	所获风投监管情况
			10	投监会监管情况
			10	政府监管情况
			10	实名认证情况
			10	NFCS 合作情况
	用户体验感（55）	平台满意度（40）	5	平台操作便捷度
			5	充值便捷度
			5	提现便捷度
			5	有无移动端
			5	网站公告及时性
			5	客服的服务态度
			5	处理问题的效率
			5	是否有在线交流系统

续表

目标	一级指标	二级指标	分值分配	三级指标
P2P 网贷平台风险评价 BTOSE 定量体系	用户体验感（55）	收益满意度（10）	5	平台利率水平
			5	投资人交易费用
		社会舆情（5）	5	正面报道
				负面报道

附录三　上市系评价指标体系

目标	一级指标	二级指标	分值分配	三级指标
P2P 网贷平台风险评价 BTOSE 定量体系	平台基础实力（250）	成立条件（60）	30	注册资本实力
			10	公司成立时长
			20	股东稳定性
		地理位置优劣势（10）	5	注册地
			5	办公地
		股东实力（40）	20	股东行业背景
			20	最大股东实力情况
		公司高管实力（45）	5	高管人数
			20	高管教育背景
			20	高管从业经验
		融资背景（40）	40	上市背景实力
		标的合理性（55）	10	平台产品类型设置及布局的合理程度
			10	平台平均单笔标的额的合理程度
			10	平台标的数量的合理程度
			5	标的期限的合理程度
			10	标的抵押物估值的合理程度
			10	续标占比的合理程度
	平台运营实力（170）	平台活跃程度和规模（30）	5	待收余额
			10	投资人数
			10	借款人数
			5	注册人数

续表

目标	一级指标	二级指标	分值分配	三级指标
P2P 网贷平台风险评价 BTOSE 定量体系	平台运营实力（170）	风险分散性（20）	10	投资分散性
			10	借款分散性
		逾期和坏账情况（50）	5	借款人逾期率
			5	借款标的逾期率
			10	平台坏账率
			10	逾期标的平均逾期周期
			20	抵押物或逾期标的跟踪处置能力
		资金留存情况（10）	5	标的平均满标时间
			5	发标充盈率
		流动性实力（20）	10	投资人资金流动性
			10	平台自身流动性
		财务及收益状况（30）	10	平台盈利情况
			10	平台市场投入情况
			10	平台的技术投入情况
		其他（10）	5	平台上线运营时长
			5	平台 ALEXA 排名
	安全保障实力（250）	风险准备金保障实力（80）	20	有无风险准备金
			10	风险准备金托管方式及托管机构
			30	风险准备金覆盖程度
			20	风险准备金赔付机制
		担保保障实力（90）	20	担保覆盖程度
			20	担保公司资本实力
			10	担保公司法人、股东等背景实力
			20	担保公司与平台关系的合理程度
			10	担保公司的信息披露力度
			10	担保机构的历史舆情
		资金托管程度（30）	20	银行
				第三方支付机构
				无资金托管
		IT 技术（50）	20	技术研发能力
			20	信息安全漏洞出现后的处置应对能力
			10	服务器等硬件实力

续表

目标	一级指标	二级指标	分值分配	三级指标
P2P 网贷平台风险评价 BTOSE 定量体系	信息透明度（250）	平台标的信息公开程度（100）	60	标的详情公开程度
			20	历史交易明细可追溯程度
			20	逾期黑名单公开程度
		平台管理信息公开程度（100）	50	运营团队
			30	论坛公开程度
			20	年报或季报信息披露情况
		外部监管力度（50）	10	所获风投监管情况
			10	投监会监管情况
			10	政府监管情况
			10	实名认证情况
			10	NFCS 合作情况
	用户体验感（80）	平台满意度（50）	10	平台操作便捷度
			5	充值便捷度
			5	提现便捷度
			5	有无移动端
			5	网站公告及时性
			5	客服的服务态度
			5	处理问题的效率
			10	是否有在线交流系统
		收益满意度（20）	10	平台利率水平
			10	投资人交易费用
		社会舆情（10）	10	正面报道
				负面报道

附录四　风投系评价指标体系

目标	一级指标	二级指标	分值分配	三级指标
P2P 网贷平台风险评价 BTOSE 定量体系	平台基础实力（210）	成立条件（60）	30	注册资本实力
			10	公司成立时长
			20	股东稳定性

201

目标	一级指标	二级指标	分值分配	三级指标
P2P 网贷平台风险评价 BTOSE 定量体系	平台基础实力（210）	地理位置优劣势（10）	5	注册地
			5	办公地
		股东实力（30）	10	股东行业背景
			20	最大股东实力情况
		公司高管实力（35）	5	高管人数
			15	高管教育背景
			15	高管从业经验
		融资背景（30）	30	风投背景实力
		标的合理性（45）	10	平台产品类型设置及布局的合理程度
			10	平台平均单笔标的额的合理程度
			10	平台标的数量的合理程度
			5	标的期限的合理程度
			5	标的抵押物估值的合理程度
			5	续标占比的合理程度
	平台运营实力（210）	平台活跃程度和规模（40）	10	待收余额
			10	投资人数
			10	借款人数
			10	注册人数
		风险分散性（20）	10	投资分散性
			10	借款分散性
		逾期和坏账情况（60）	10	借款人逾期率
			10	借款标的逾期率
			10	平台坏账率
			10	逾期标的平均逾期周期
			20	抵押物或逾期标的跟踪处置能力
		资金留存情况（20）	10	标的平均满标时间
			10	发标充盈率
		流动性实力（30）	20	投资人资金流动性
			10	平台自身流动性
		财务及收益状况（30）	10	平台盈利情况
			10	平台市场投入情况
			10	平台的技术投入情况

续表

目标	一级指标	二级指标	分值分配	三级指标
P2P 网贷平台风险评价 BTOSE 定量体系	平台运营实力（210）	其他（10）	5	平台上线运营时长
			5	平台 ALEXA 排名
	安全保障实力（250）	风险准备金保障实力（80）	20	有无风险准备金
			10	风险准备金托管方式及托管机构
			30	风险准备金覆盖程度
			20	风险准备金赔付机制
		担保保障实力（90）	20	担保覆盖程度
			20	担保公司资本实力
			10	担保公司法人、股东等背景实力
			20	担保公司与平台关系的合理程度
			10	担保公司的信息披露力度
			10	担保机构的历史舆情
		资金托管程度（20）	20	银行
				第三方支付机构
				无资金托管
		IT 技术（50）	20	技术研发能力
			20	信息安全漏洞出现后的处置应对能力
			10	服务器等硬件实力
	信息透明度（250）	平台标的信息公开程度（100）	60	标的详情公开程度
			20	历史交易明细可追溯程度
			20	逾期黑名单公开程度
		平台管理信息公开程度（100）	50	运营团队
			30	论坛公开程度
			20	年报或季报信息披露情况
		外部监管力度（50）	10	所获风投监管情况
			10	投监会监管情况
			10	政府监管情况
			10	实名认证情况
			10	NFCS 合作情况
	用户体验感（80）	平台满意度（50）	10	平台操作便捷度
			5	充值便捷度

续表

目标	一级指标	二级指标	分值分配	三级指标
P2P 网贷平台风险评价 BTOSE 定量体系	用户体验感（80）	平台满意度（50）	5	提现便捷度
			5	有无移动端
			5	网站公告及时性
			5	客服的服务态度
			5	处理问题的效率
			10	是否有在线交流系统
		收益满意度（20）	10	平台利率水平
			10	投资人交易费用
		社会舆情（10）	10	正面报道
				负面报道

附录五　小微信贷类评价指标体系

目标	一级指标	二级指标	三级指标
P2P 网贷平台风险评价 BTOSE 定量体系	平台基础实力（210）	成立条件（60）	注册资本实力（30）
			公司成立时长（10）
			股东稳定性（20）
		地理位置优劣势（10）	注册地（5）
			办公地（5）
		股东实力（30）	股东行业背景（10）
			最大股东实力情况（20）
		公司高管实力（35）	高管人数（5）
			高管教育背景（15）
			高管从业经验（15）
		融资背景（30）	有无天使轮以上融资情况（30）
		标的合理性（45）	抵押还是质押类型（10）
			平台平均单笔标的额的合理程度（15）
			平台标的数量的合理程度（10）
			标的期限的合理性（10）

续表

目标	一级指标	二级指标	三级指标
P2P 网贷平台风险评价 BTOSE 定量体系	平台运营实力（210）	平台活跃程度和规模（40）	待收余额（10）
			投资人数（10）
			借款人数（10）
			注册人数（10）
		风险分散性（20）	投资分散性（10）
			借款分散性（10）
		逾期和坏账情况（60）	借款人逾期率（5）
			借款标的逾期率（5）
			平台坏账率（10）
			续借标的占比（10）
			逾期标的平均逾期周期（10）
			抵押物或逾期标的跟踪处置能力（20）
		资金留存情况（20）	标的平均满标时间（10）
			发标充盈率（10）
		流动性实力（30）	投资人资金流动性（15）
			平台自身流动性（15）
		财务及收益状况（30）	平台盈利情况（10）
			平台市场投入情况（10）
			平台的技术投入情况（10）
		其他（10）	平台上线运营时长（5）
			平台 ALEXA 排名（5）
	安全保障实力（210）	风险准备金保障实力（80）	有无风险准备金（20）
			风险准备金托管方式及托管机构（20）
			风险准备金覆盖程度（20）
			风险准备金赔付机制（20）
		担保保障实力（60）	担保覆盖程度（10）
			担保公司资本实力（10）
			担保公司法人、股东等背景实力（10）
			担保公司与平台关系的合理程度（10）
			担保公司的信息披露力度（10）
			担保机构的历史舆情（10）

续表

目标	一级指标	二级指标	三级指标
P2P 网贷平台风险评价 BTOSE 定量体系	安全保障实力（210）	资金托管程度（20）	是否有资金托管（10）
			资金托管的渠道（10）
		IT 技术（50）	技术研发能力（20）
			信息安全漏洞出现后的处置应对能力（20）
			服务器等硬件实力（10）
	信息透明度（290）	平台标的信息公开程度（120）	标的详情公开程度（60）
			历史交易明细可追溯程度（30）
			逾期黑名单公开程度（30）
		平台管理信息公开程度（120）	运营团队（60）
			论坛公开程度（30）
			年报或季报信息披露情况（30）
		外部监管力度（50）	所获风投监管情况（10）
			投监会监管情况（10）
			政府监管情况（10）
			实名认证情况（10）
			NFCS 合作情况（10）
	用户体验感（80）	平台满意度（55）	平台操作便捷度（10）
			充值便捷度（5）
			提现便捷度（5）
			有无移动端（5）
			网站公告及时性（5）
			客服的服务态度（5）
			处理问题的效率（10）
			是否有在线交流系统（5）
			投标是否需排队（5）
		收益满意度（15）	平台利率水平（10）
			投资人交易费用（5）
		社会舆情（10）	正面报道（5）
			负面报道（5）

附录六   车贷类评价指标体系

目标	一级指标	二级指标	三级指标
P2P 网贷平台风险评价 BTOSE 定量体系	平台基础实力（210）	成立条件（60）	注册资本实力（30）
			公司成立时长（10）
			股东稳定性（20）
		地理位置优劣势（10）	注册地（5）
			办公地（5）
		股东实力（30）	股东行业背景（10）
			最大股东实力情况（20）
		公司高管实力（30）	高管人数（5）
			高管教育背景（10）
			高管从业经验（15）
		融资背景（30）	有无天使轮以上融资情况（30）
		标的合理性（50）	抵押还是质押类型（15）
			平台平均单笔标的额的合理程度（10）
			平台标的数量的合理程度（10）
			标的期限的合理性（15）
	平台运营实力（210）	平台活跃程度和规模（40）	待收余额（10）
			投资人数（10）
			借款人数（10）
			注册人数（10）
		风险分散性（20）	投资分散性（10）
			借款分散性（10）
		逾期和坏账情况（60）	借款人逾期率（5）
			借款标的逾期率（5）
			平台坏账率（10）
			续借标的占比（10）
			逾期标的平均逾期周期（10）
			抵押物或逾期标的跟踪处置能力（20）

目标	一级指标	二级指标	三级指标
P2P 网贷平台风险评价 BTOSE 定量体系	平台运营实力（210）	资金留存情况（20）	标的平均满标时间（10）
			发标充盈率（10）
		流动性实力（30）	投资人资金流动性（15）
			平台自身流动性（15）
		财务及收益状况（30）	平台盈利情况（10）
			平台市场投入情况（10）
			平台的技术投入情况（10）
		其他（10）	平台上线运营时长（5）
			平台 ALEXA 排名（5）
	安全保障实力（200）	风险准备金保障实力（60）	有无风险准备金（20）
			风险准备金托管方式及托管机构（10）
			风险准备金覆盖程度（15）
			风险准备金赔付机制（15）
		担保保障实力（80）	担保覆盖程度（20）
			担保公司资本实力（20）
			担保公司法人、股东等背景实力（10）
			担保公司与平台关系的合理程度（10）
			担保公司的信息披露力度（10）
			担保机构的历史舆情（10）
		资金托管程度（20）	是否有资本托管（10）
			资金托管渠道（10）
		IT 技术（40）	技术研发能力（10）
			信息安全漏洞出现后的处置应对能力（20）
			服务器等硬件实力（10）
	信息透明度（300）	平台标的信息公开程度（120）	标的详情公开程度（60）
			历史交易明细可追溯程度（30）
			逾期黑名单公开程度（30）

续表

目标	一级指标	二级指标	三级指标
P2P 网贷平台风险评价 BTOSE 定量体系	信息透明度（300）	平台管理信息公开程度（120）	运营团队（60）
			论坛公开程度（30）
			年报或季报信息披露情况（30）
		外部监管力度（60）	所获风投监管情况（10）
			投监会监管情况（10）
			政府监管情况（15）
			实名认证情况（15）
			NFCS 合作情况（10）
	用户体验感（80）	平台满意度（55）	平台操作便捷度（10）
			充值便捷度（5）
			提现便捷度（5）
			有无移动端（5）
			网站公告及时性（5）
			客服的服务态度（5）
			处理问题的效率（10）
			是否有在线交流系统（5）
			投标是否需排队（5）
		收益满意度（15）	平台利率水平（10）
			投资人交易费用（5）
		社会舆情（10）	正面报道（5）
			负面报道（5）

附录七　P2F 类评价指标体系

目标	一级指标	二级指标	三级指标
P2P 网贷平台风险评价 BTOSE 定量体系	平台基础实力（210）	成立条件（50）	注册资本实力（25）
			公司成立时长（10）
			股东稳定性（15）
		地理位置优劣势（10）	注册地（5）
			办公地（5）

目标	一级指标	二级指标	三级指标
P2P 网贷平台风险评价 BTOSE 定量体系	平台基础实力（210）	股东实力（25）	股东行业背景（10）
			最大股东实力情况（15）
		公司高管实力（30）	高管人数（5）
			高管教育背景（10）
			高管从业经验（15）
		融资背景（30）	有无天使轮以上融资情况（30）
		标的合理性（25）	是否有期限错配的拆标方式（5）
			平台产品类型设计及布局的合理程度（5）
			平台平均单笔标的额的合理程度（5）
			平台标的数量的合理程度（5）
			标的期限的合理性（5）
		合作机构背景实力（40）	合作机构有无失信记录（法人、股东）（5）
			合作机构有无负面消息（5）
			合作机构有无企业集团背景（5）
			合作机构有无政治背景（5）
			合作机构组织结构是否健全（5）
			合作机构是否专业性人才（5）
			合作机构成立时间和注册资本情况（5）
			合作机构是否涉及房地产、艺术品类产业（5）
	平台运营实力（210）	平台活跃程度和规模（40）	待收余额（10）
			投资人数（10）
			借款人数（10）
			注册人数（10）
		风险分散性（20）	投资分散性（10）
			借款分散性（10）
		逾期和坏账情况60）	借款人逾期率（5）
			借款标的逾期率（5）
			平台坏账率（10）
			续借标的占比（10）
			逾期标的平均逾期周期（10）
			抵押物或逾期标的跟踪处置能力（20）

续表

目标	一级指标	二级指标	三级指标
P2P 网贷平台风险评价 BTOSE 定量体系	平台运营实力（210）	资金留存情况（20）	标的平均满标时间（10）
			发标充盈率（10）
		流动性实力（30）	投资人资金流动性（15）
			平台自身流动性（15）
		财务及收益状况（30）	平台盈利情况（10）
			平台市场投入情况（10）
			平台的技术投入情况（10）
		其他（10）	平台上线运营时长（5）
			平台 ALEXA 排名（5）
	安全保障实力（280）	风险准备金保障实力（90）	有无风险准备金（30）
			风险准备金托管方式及托管机构（20）
			风险准备金覆盖程度（20）
			风险准备金赔付机制（20）
		担保保障实力（120）	担保覆盖程度（25）
			担保公司资本实力（25）
			担保公司法人、股东等背景实力（20）
			担保公司与平台关系的合理程度（20）
			担保公司的信息披露力度（20）
			担保机构的历史舆情（10）
		资金托管程度（20）	是否有资金托管（10）
			资金托管渠道（10）
		IT 技术（50）	技术研发能力（20）
			信息安全漏洞出现后的处置应对能力（20）
			服务器等硬件实力（10）
	信息透明度（220）	平台标的信息公开程度（90）	标的详情公开程度（50）
			历史交易明细可追溯程度（20）
			逾期黑名单公开程度（20）

续表

目标	一级指标	二级指标	三级指标
P2P 网贷平台风险评价 BTOSE 定量体系	信息透明度（220）	平台管理信息公开程度（80）	运营团队（40）
			论坛公开程度（20）
			年报或季报信息披露情况（20）
		外部监管力度（50）	所获风投监管情况（10）
			投监会监管情况（10）
			政府监管情况（10）
			实名认证情况（10）
			NFCS 合作情况（10）
	用户体验感（80）	平台满意度（55）	平台操作便捷度（10）
			充值便捷度（5）
			提现便捷度（5）
			有无移动端（5）
			网站公告及时性（5）
			客服的服务态度（5）
			处理问题的效率（10）
			是否有在线交流系统（5）
			投标是否需排队（5）
		收益满意度（15）	平台利率水平（10）
			投资人交易费用（5）
		社会舆情（10）	正面报道（5）
			负面报道（5）

附录八　业务逻辑下的特殊指标增减

业务类别		小微信贷	车贷	P2F 类
调整情况	调整前	续标占比、抵押物估值、产品类型设置及布局等的合理程度	续标占比、抵押物估值、产品类型设置及布局等的合理程度	标的合理性
	调整后	抵押还是质押类型	抵押还是质押类型	合作机构背景实力

附录 B

P2P 企业投资价值评价排名表

附录九 P2P 企业投资价值评价 TOP50 榜单

序号	平台名称	投资价值指数（1000）	基础实力指数（210）	运营实力指数（210）	安全保障实力指数（250）	信息透明度指数（250）	用户体验感指数（80）	O2O加分指数（0，20）
1	陆金所	803.45	190	181.75	140	220	51.7	20
2	玖富	779.22	159.77	202.85	197.5	150	69.1	0
3	宜人贷	764	191.1	167.1	179.5	167.5	58.8	0
4	投哪网	750.79	184.94	172.85	187.5	125	72.5	8
5	微贷网	728.54	160.84	173.5	177.5	137.5	63.2	16
6	人人贷	725.8	189	168	168.5	122.5	61	16.8
7	翼龙贷	722.74	168.54	145.3	186.7	147	68.2	7
8	点融网	720.95	196.55	184.8	189.75	88.75	51.1	10
9	积木盒子	718.2	206.6	186.6	150	115	54	6
10	拍拍贷	713.89	189.49	189.4	141.25	121.25	70.5	2
11	有利网	709.89	186.64	163.35	140	160	43.1	16.8
12	搜易贷	696.65	164.3	160.15	166.25	146.25	45.7	14
13	鹏金所	694.65	195	126.5	133.7	170.55	68.9	0
14	开鑫贷	694.3	193.1	198.9	193	46	43.3	0
15	橘子理财	691.75	162.7	163.95	195	90	72.1	8
16	楚金所	686.45	170.2	140.45	122.25	176.25	65.3	12
17	金开贷	681.2	187.95	121.45	186.25	106.25	69.3	10
18	友金所	676.7	176.1	165.1	138.5	121.5	57.5	18

序号	平台名称	投资价值指数（1000）	基础实力指数（210）	运营实力指数（210）	安全保障实力指数（250）	信息透明度指数（250）	用户体验感指数（80）	O2O加分指数（0，20）
19	东方金钰	666.3	183.65	145.15	166.75	106.25	52.5	12
20	理想宝	665.48	177.1	144.1	117.6	149.58	65.1	12
21	银湖网	660.2	160.15	166.15	144.75	114.25	65.9	9
22	团贷网	658.3	171.9	196.4	102.5	122.5	58	7
23	银客理财	654.5	177.47	148.97	139.25	139.25	49.56	0
24	爱钱进	651.8	160.5	120.8	164.5	130	64	12
25	抱财网	635.75	175.18	147.73	133.5	129.5	35.84	14
26	黄河金融	630.74	184.23	159.59	131	106	42.92	12
27	口贷网	629.15	178.9	137.9	160.25	87	59.9	5.2
28	红岭创投	621.45	185.85	126.6	148.25	96.25	58.5	6
29	华人金融	616.95	175.25	145.5	71	158	57.2	10
30	网利宝	612.2	157.08	118.58	170	81	75.54	10
31	招商贷	605.59	167.49	107.7	156.25	121.25	46.9	6
32	易贷网	601.85	156.25	133.1	118.75	126.25	62.7	4.8
33	壹佰金融	596.7	158.545	116.545	175.125	90.125	56.36	0
34	珠宝贷	589.25	144.12	104.37	144.25	149.25	47.26	0
35	新博贷	588.8	149.28	132.38	136.5	116.5	48.14	6
36	万盈金融	584.35	155.88	136.33	94.5	144.5	49.54	3.6
37	钱香金融	579.45	149.55	82.02	159.75	122.75	59.38	6
38	Hello Money	575.45	145.57	121.32	146.75	101.75	54.06	6
39	54贷客	574.5	130.4	137.4	147.5	95	59.2	5
40	易港金融	573.8	149.2	119.2	154.1	88	56.3	7
41	玖融网	573.1	137.55	77.05	144.25	142.75	58.7	12.8
42	E融所	571.1	188.1	145.1	94.8	79.5	52.8	10.8
43	迷你贷	566.1	131.8	142.8	99	122.5	64.4	5.6
44	爱钱帮	563.15	148.065	124.015	99.125	119.125	64.42	8.4
45	人人聚财	554.75	145.15	109.4	107.5	136.25	51.9	4.8
46	车能贷	554.32	119.57	98.65	105.25	153.25	69.2	8.4
47	理财范	519.8	127.525	105.325	123.125	108.125	42.9	12.8
48	百财车贷	508.3	122.34	118.04	84	116	61.92	6
49	银豆网	507.15	90.47	118.72	68	158	63.56	8.4
50	果树财富	4982	124.37	91.37	114.25	106.25	55.96	6

附录十　不同类型 P2P 企业投资价值 TOP5 榜单

排名	背景视角			业务逻辑视角		
	国资系	上市系	风投系	小微信贷类	车贷类	P2F 类
TOP5	开鑫贷	陆金所	拍拍贷	拍拍贷	微贷网	有利网
	楚金所	宜人贷	积木盒子	玖富	54 贷客	理想宝
	博金贷	黄河金融	有利网	人人贷	投哪网	开鑫贷
	万盈金融	银湖网	玖富	宜人贷	Hello Money	银客理财
	金开贷	东方金钰	人人贷	爱钱进	迷你贷	鹏金所